ENZYKLOPÄDIE
DEUTSCHER
GESCHICHTE
BAND 61

ENZYKLOPÄDIE
DEUTSCHER
GESCHICHTE
BAND 61

HERAUSGEGEBEN VON
LOTHAR GALL

IN VERBINDUNG MIT
PETER BLICKLE
ELISABETH FEHRENBACH
JOHANNES FRIED
KLAUS HILDEBRAND
KARL HEINRICH KAUFHOLD
HORST MÖLLER
OTTO GERHARD OEXLE
KLAUS TENFELDE

DIE AUFKLÄRUNG

VON
WINFRIED MÜLLER

R. OLDENBOURG VERLAG
MÜNCHEN 2002

Die Deutsche Bibliothek – CIP-Einheitsaufnahme

Müller, Winfried:
Die Aufklärung / von Winfried Müller. – München : Oldenbourg, 2002
(Enzyklopädie deutscher Geschichte ; Bd. 61)
ISBN 3-486-55764-5
ISBN 3-486-55765-3

© 2002 Oldenbourg Wissenschaftsverlag GmbH, München
Rosenheimer Straße 145, D-81671 München
Internet: http://www.oldenbourg.de

Umschlaggestaltung: Dieter Vollendorf
Gedruckt auf säurefreiem, alterungsbeständigem Papier (chlorfrei gebleicht)
Gesamtherstellung: R. Oldenbourg Graphische Betriebe Druckerei GmbH, München

ISBN 3-486-55764-5 (brosch.)
ISBN 3-486-55765-3 (geb.)

Vorwort

Die „Enzyklopädie deutscher Geschichte" soll für die Benutzer – Fachhistoriker, Studenten, Geschichtslehrer, Vertreter benachbarter Disziplinen und interessierte Laien – ein Arbeitsinstrument sein, mit dessen Hilfe sie sich rasch und zuverlässig über den gegenwärtigen Stand unserer Kenntnisse und der Forschung in den verschiedenen Bereichen der deutschen Geschichte informieren können.

Geschichte wird dabei in einem umfassenden Sinne verstanden: Der Geschichte in der Gesellschaft, der Wirtschaft, des Staates in seinen inneren und äußeren Verhältnissen wird ebenso ein großes Gewicht beigemessen wie der Geschichte der Religion und der Kirche, der Kultur, der Lebenswelten und der Mentalitäten.

Dieses umfassende Verständnis von Geschichte muß immer wieder Prozesse und Tendenzen einbeziehen, die säkularer Natur sind, nationale und einzelstaatliche Grenzen übergreifen. Ihm entspricht eine eher pragmatische Bestimmung des Begriffs „deutsche Geschichte". Sie orientiert sich sehr bewußt an der jeweiligen zeitgenössischen Auffassung und Definition des Begriffs und sucht ihn von daher zugleich von programmatischen Rückprojektionen zu entlasten, die seine Verwendung in den letzten anderthalb Jahrhunderten immer wieder begleiteten. Was damit an Unschärfen und Problemen, vor allem hinsichtlich des diachronen Vergleichs, verbunden ist, steht in keinem Verhältnis zu den Schwierigkeiten, die sich bei dem Versuch einer zeitübergreifenden Festlegung ergäben, die stets nur mehr oder weniger willkürlicher Art sein könnte. Das heißt freilich nicht, daß der Begriff „deutsche Geschichte" unreflektiert gebraucht werden kann. Eine der Aufgaben der einzelnen Bände ist es vielmehr, den Bereich der Darstellung auch geographisch jeweils genau zu bestimmen.

Das Gesamtwerk wird am Ende rund hundert Bände umfassen. Sie folgen alle einem gleichen Gliederungsschema und sind mit Blick auf die Konzeption der Reihe und die Bedürfnisse des Benutzers in ihrem Umfang jeweils streng begrenzt. Das zwingt vor allem im darstellenden Teil, der den heutigen Stand unserer Kenntnisse auf knappstem Raum zusammenfaßt – ihm schließen sich die Darlegung und Erörterung der Forschungssituation und eine entsprechend gegliederte Auswahlbiblio graphie an –, zu starker Konzentration und zur Beschränkung auf die zentralen Vorgänge und Entwicklungen. Besonderes Gewicht ist daneben, unter Betonung des systematischen Zusammenhangs, auf die Abstimmung der einzelnen Bände untereinander, in sachlicher Hinsicht, aber auch im Hinblick auf die übergreifenden Fragestellungen, gelegt worden. Aus dem Gesamtwerk lassen sich so auch immer einzelne, den jeweiligen Benutzer besonders interessierende Serien zusammenstellen. Ungeachtet dessen aber bildet jeder Band eine in sich abgeschlossene Einheit – unter der persönlichen Verantwortung des Autors und in völliger Eigenständigkeit gegenüber den benachbarten und verwandten Bänden, auch was den Zeitpunkt des Erscheinens angeht.

Lothar Gall

Inhalt

Vorbemerkung des Verfassers

Wer einen Band der Enzyklopädie deutscher Geschichte übernimmt, weiß, worauf er sich einläßt – streng limitierte ca. 120 Seiten Text –, und ist am Schluß um die Erfahrung reicher, daß es mühsamer sein kann, ein schmales Buch zu schreiben als ein umfangreiches. Um so dankbarer ist man nach Abschluß des Manuskripts all jenen, die mit Geduld, Rat und Hilfe zur Seite standen. Für die Herausgeber der Reihe gilt dieser Dank Horst Möller für die gründliche Durchsicht des Manuskripts und die damit verbundene konstruktive Kritik. Wichtige ergänzende Hinweise wurden mir ferner von Michael Schaich, Georg Seiderer sowie von Axel Gotthard zuteil. Bibliographische und Detailrecherchen sowie Korrekturarbeiten lasteten auf den studentischen Hilfskräften in München, Bonn und Dresden. Ihnen danke ich herzlich. Vor allem aber gilt der Dank meiner Frau, die das Entstehen des Manuskripts kritisch und verständnisvoll begleitete und das Register erstellte. Ihr ist dieses Buch gewidmet.

Dresden, im Oktober 2001   Winfried Müller

I. Enzyklopädischer Überblick

1. Begriff, Programm und Ort der Aufklärung

Die in den Bereich der Wetterkunde rückverweisende Semantik des Wortes Aufklärung ging im 18. Jahrhundert nie ganz verloren, lebte doch die am Anfang der deutschen Begriffsbildung stehende meteorologische Bedeutungsvariante „aufklaren" in der Lichtmetapher fort. Die Sonne der Aufklärung, die die Nacht verscheucht bzw. die Wolken der Dämmerung durchbricht und die Morgenröte einer neuen Zeit ankündigt oder sich gar deren Zenit nähert – das waren in Schrift und Bild prägende Topoi der Epoche. Gleichzeitig galten den Wortführern der Aufklärung ihre Gegner als die Kräfte der Finsternis, als „Obscuranten". Letztere lernten freilich auch mit der Lichtmetapher umzugehen: Gegen Ende des Jahrhunderts, und zumal nach dem Ausbruch der Französischen Revolution, verglichen sie das von der Aufklärung verbreitete Licht mit einem grellen Blitz, der blendet und die Paläste in hellen Flammen aufgehen läßt.

Zur Etymologie der Aufklärung

Die Grundbedeutung des Wortes wurde schon früh auf geistige Erkenntnisprozesse übertragen – auf das Aufhellen von Sachverhalten, die bisher im Dunkeln lagen. Dabei setzte sich seit den 1720er Jahren zuerst das Verb „aufklären" durch, wohl als Pendant zu dem bereits von Gottfried Wilhelm Leibniz verwendeten französischen „éclairer". Erst um die Jahrhundertmitte wurde das dazugehörige Substantiv „Aufklärung" gebräuchlich. Zwar seltener verwendet, aber keineswegs unüblich waren als Synonyme die an der englischen Begrifflichkeit (*enlighten*) orientierten, zugleich aber auch religiös konnotierten Wörter „erleuchten" bzw. „Erleuchtung". Festzuhalten ist jedenfalls, daß die Aufklärung ihre Epochenbezeichnung selbst entwickelte.

Begriffliche Bedeutungserweiterung

In dem Maße, wie der Begriff in den Sprachgebrauch der Gebildeten einging, schichteten sich ihm neue Bedeutungsvarianten an. Aufklärung konnte bedeuten die Berichtigung und Beseitigung von Unklarheiten und die Gewinnung gründlicher bzw. vernunftgegründeter Einsichten in philosophische, theologische oder historische Sachverhalte, wobei in einem materialen Sinn die quantitative Vermehrung der

Multivalenz des Begriffes Aufklärung

Kenntnisse, in einem formalen Sinn die methodische Vorgehensweise bei deren Gewinnung gemeint war. Aufklärung konnte sich als eine pädagogische Bewegung auf die Erziehung zur Tugend und die moralische Besserung des Individuums beziehen und gleichzeitig im utilitaristischen Sinn die Verbreitung ökonomischer und technischer Kenntnisse meinen. Aufklärung avancierte teilweise zum Korrelatbegriff für Kultur, Bildung und Zivilisation, oder sie wurde im politischen Sinne als Freiheit des Denkens und der Meinungsäußerung verstanden. Kurzum: Aufklärung wurde zu einem oszillierenden Begriff, teilweise auch zu einem Modewort, hinter dem sich ganz allgemein ein progressiver, auf Wandel gerichteter Epochentrend zu einer rationalen Gestaltung des Denkens und der lebensweltlichen Praxis verbarg. Letztlich aber führte die Vieldeutigkeit zu einem von den Zeitgenossen überhaupt nicht geschätzten Zustand – nämlich dem der Unklarheit darüber, was denn überhaupt Aufklärung sei.

Klärungsversuch der „Berlinischen Monatsschrift"

Eben diese Frage wurde 1783 in der „Berlinischen Monatsschrift" aufgeworfen. Von den eingegangenen Antworten hat bestenfalls Moses Mendelssohns Differenzierung in Kultur und Aufklärung als der praktischen und theoretischen Seite von Bildung eine Chance, sich in kursorischen Überblicken zu behaupten gegen die Übermacht des Kantschen Diktums von der Aufklärung als dem „Ausgang des Menschen aus seiner selbst verschuldeten Unmündigkeit" vorzugsweise in „Religionssachen". Mit der Formel vom Individuum, das sich auf vernünftige Weise seines Verstandes bedient und sich kraft seines „Selbstdenkens" von Vorurteilen frei macht, war in Verbindung mit dem dazugehörigen „Sapere aude!" als dem „Wahlspruch der Aufklärung" der künftigen Erschließung der Epoche ein erster Generalschlüssel in die Hand gegeben. Damit wurde zugleich in Verbindung mit anderen Siglen wie Toleranz und Humanität, Kritik und Vernunft einer Universalisierung des Aufklärungsbegriffs Vorschub geleistet. Aufklärung wurde zu einem Ensemble von Begriffen, das den Wertekanon der zivilisierten Welt konstituiert, und solange ihre Verwirklichung ausstand bzw. Rückschläge erfolgten, blieb sie ständige Aufgabe. Mit der universalisierten Variante von Aufklärung gerieten allerdings Spezifika der historischen Aufklärungsepoche zunehmend ins Hintertreffen: etwa daß Aufklärung im 18. Jahrhundert vielfach noch geburts- und berufsständischen Begrenzungen unterworfen war und das Selbstdenken keineswegs allen Menschen in gleicher Weise zugebilligt wurde, oder daß religiöse Toleranz noch nicht im späteren Sinne eines allgemeinen Grund- und Menschenrechts gedacht war, sondern in Theorie und Praxis noch weitreichende Ausgrenzungen kannte. Eher in Vergessenheit

Universalisierung des Aufklärungsbegriffs

geriet über der Universalisierung auch, daß die Aufklärung nicht nur
eine intellektuelle, sondern in starkem Maße auch praxisbezogene Bewegung war, der es um den Transfer neuer Einsichten und Kenntnisse
in den vernünftig zu gestaltenden Alltag ging. Das „Carpe diem" gehörte genauso zur Aufklärung wie das „Sapere aude!".

Systematisiert man die angesprochenen zeitgenössischen Konnotationen des Begriffs und erweitert sie zugleich um spätere Versuche einer definitorischen Annäherung, so sind für die Erfassung von Methodik und Wirkungsabsicht der historischen Aufklärungsepoche folgende
Aspekte von besonderer Relevanz. In methodischer Hinsicht war das
Paradigma der Aufklärung die Skepsis gegenüber überliefertem Wissen und Traditionen. Dem Zweifel kam die Funktion eines Korrektivs
zu, der auf Gewohnheit und Vorurteil, Irrtum oder Unkenntnis beruhende Meinungen hinterfragte und auf Vernunft gegründete Einsichten
und Erkenntnisse extrapolierte. Der Skepsis war also das Vermögen zur
kritischen Prüfung und Beurteilung von Sachverhalten, zur Unterscheidung des Wahren vom Falschen zugeordnet. Die Aufklärung wollte
freilich nicht nur kritisch sein, sondern auch populär. Die klare und ver-
ständliche Vermittlung von Einsichten und Vorschlägen gehörte deshalb zu ihrer Strategie. Signum der Epoche war jener „reformlustige
Utilitarismus" [108: E. TROELTSCH, 339], der sich nicht in einer Kritik
des Bestehenden erschöpfte, sondern Staat und Gesellschaft, Kirche,
religiöses Leben und Wissenschaft reformieren wollte. Dieses pragmatische Drängen in die Praxis, das Institutionen und Konventionen am
Kriterium ihrer Vernünftigkeit maß und somit wachsendem Rationali-
sierungsdruck aussetzte, ist ein hervorstechendes Merkmal der Aufklärung. Damit ist zugleich gesagt, daß es ihr weniger um theologische
und philosophische Spekulation ging, sondern daß sie der Transzen-
denz die Diesseitsorientierung entgegensetzte. Bereits in der auf die
Aufhellung der sichtbaren Dinge verweisenden Lichtmetapher ist diese
auf Weltimmanenz und Anthropozentrik verweisende Komponente der
Aufklärung angelegt.

Dieser Praxisbezug war dem Grundsatz nach gemeinwohlorien-
tiert. Fernziel der aufklärerischen Glückseligkeitslehre war es, in einem
nach vernünftigen Prinzipien geordneten Gemeinwesen für die größtmögliche Zahl von Menschen das größtmögliche Glück zu erreichen.
Individuelles Glück und eine stark etatistisch geprägte Gemeinnützig-
keitsdoktrin waren dabei einander komplementär zugeordnet. In dieser
Verschränkung hatte der Eudämonismus der Aufklärung seinen Preis,
daß nämlich die Menschen ihre Lebens- und Arbeitswelt verstärkt nach
rationalen Kriterien zu gestalten hatten. Die moderne, von der Aufklä-

Methodik und Wirkungsabsicht der historischen Aufklärungsepoche

Skepsis gegenüber der Überlieferung

Reformerischer Praxisbezug

Ambivalenzen des aufklärerischen Eudämonismus

rung nachhaltig geprägte Welt ist eine Welt der Arbeit und der Leistung und der sozialen Disziplin. Die für eine effiziente Gestaltung des Arbeitsprozesses in Verwaltung, Handwerk, Manufaktur und Landwirtschaft erforderlichen nützlichen Kenntnisse und die dafür erforderlichen Tugenden wie Fleiß und Pflichttreue mußten freilich vermittelt werden. Die Aufklärung war deshalb auch eine bedeutende pädagogische Bewegung, die sich mit Vorliebe der Reform und des Ausbaus des Bildungswesens annahm.

Aufklärung als Prozeß
Hinter dem gleichermaßen eudämonistisch wie utilitaristisch motivierten Reformelan der Aufklärungsepoche stand die optimistische Grundhaltung, daß man – wie es der Volksaufklärer Rudolf Zacharias Becker in seinem auflagenstarken „Noth- und Hülfsbüchlein" (1788) ausdrückte – „mit Verstand, Geschicklichkeit und Fleiß alles in der Welt verbessern und selbst immer besser und dadurch glücklicher werden kann". Dieser Glaube an die Perfektibilität der Welt schloß mit ein, daß deren reale Unvollkommenheit von vielen Aufklärern schmerzlich empfunden wurde; Johann Karl Wezels Romanheld „Belphegor", das deutsche Pendant zu Voltaires „Candide", ist nur ein Beispiel dafür. Daß der Zustand der Perfektion noch nicht erreicht war, besagt zugleich, daß Aufklärung als Prozeß gedacht wurde. Nicht in bereits aufgeklärten Zeiten, wohl aber in einem Zeitalter der Aufklärung lebe man, merkte Kant an. In der bisweilen im 18. Jahrhundert begegnenden Benennung der eigenen als der „aufgeklärteren" Zeit kommt der Prozeßcharakter und der mit ihm einhergehende Fortschrittsoptimismus prägnant zum Ausdruck. Der Komparativ markiert zum einen das Verhältnis gegenüber einer überwunden geglaubten Vergangenheit, peilt zugleich aber eine bessere Zukunft an. Der Weg dorthin wurde selbst in den radikaleren Ausformungen der deutschen Aufklärung, etwa beim Geheimbund der Illuminaten, als ein evolutionärer gedacht.

Politisierung der Aufklärung
Gleichwohl barg der Prozeß der Aufklärung mit seinem kritischen und reformerischen Potential Probleme in sich, die in dem Maße virulent wurden, in dem die Aufklärung an Breitenwirkung gewann. Wenn bereits Descartes in seinem 1637 erschienenen „Discours de la Méthode" meinte, der gesunde Verstand sei die bestverteilte Sache der Welt, weil jedermann glaube, hinreichend damit versehen zu sein, und wenn dann gegen Ende der Epoche Kant vom „Probierstein der Wahrheit", den ein jeder in sich trage, sprach, so ist damit das mit dem Selbstdenken verbundene Grundproblem eines Individualismus formuliert, der gesellschaftliche und religiöse Bindungen grundsätzlich in Frage stellte. Die Problemstellung war somit, wie verhindert werden konnte, daß Skepsis in desintegrative „Zweifelsucht", Kritik in unkon-

trollierte „Krittelei" ausartete. Während Descartes davor warnte, alle
Häuser einer Stadt niederzureißen, „bloß in der Absicht, sie in anderer
Gestalt und mit schöneren Straßen wieder anzulegen", suchte Kant in
seinem Beitrag zur „Berlinischen Monatsschrift" das Problem durch
die Differenzierung in öffentlichen und privaten Vernunftgebrauch bei-
zulegen; ein Geistlicher beispielsweise sei auf der Kanzel als „Ge-
schäftsträger der Kirche" eine an Vorschriften gebundene Amtsperson
und besitze in dieser Eigenschaft nicht jene Freiheit des Vernunftge-
brauchs wie er sie als Gelehrter beanspruchen darf. Zuvor schon hatten
in Deutschland die Philanthropen das Problem durch die Differenzierung in eine wahre und eine falsche Aufklärung einzugrenzen versucht.
Wahre Aufklärung bestand demnach darin, einem jeden in den Grenzen
seines Geburts- und Berufsstandes nützliche Kenntnisse zu vermitteln,
die zu einer utilitaristisch geprägten Lebensführung anleiteten. Bei diesem defensiven Konzept, zu dem auch gehörte, daß sich eine aufgeklärte Bildungselite als Vormund des „gemeinen Haufens" berufen
fühlte, wurde eine Dosierung und Kontrolle des Selbstdenkens befür-
wortet. Eine über evolutionäre Reformkonzepte hinausweisende Radikalisierung der Aufklärung, die auch tradierte gesellschaftliche Ord-
nungen und herkömmliche Formen des Regierens hinterfragte, sollte
unterbleiben.

Die Aufklärung war eine europäische Bewegung, die sich mit un- *Aufklärung*
terschiedlicher Intensität und zeitlichen Phasenverschiebungen vor- *als europäische*
zugsweise in den Ländern West- und Mitteleuropas entfaltete. Dabei *Bewegung*
gab es – freilich nur auf der Ebene des intellektuellen Höhenkamms der
in die *res publica litteraria* Eingebundenen – innerhalb des aufklärerischen Diskurses europaweite Interdependenzen. Sie werden durch das
zeitweise niederländische Exil von Vordenkern der Aufklärung wie
John Locke und Pierre Bayle und durch England-Aufenthalte Voltaires
und Montesquieus ebenso bezeichnet wie durch die Zugehörigkeit Voltaires oder La Mettries zur Tafelrunde Friedrichs II. in Sanssouci bzw.
durch die Präsidentschaft des Physikers und Mathematikers Maupertuis
in der Berliner Akademie der Wissenschaften. Diesen vielfach durch
umfangreiche Korrespondenzen ergänzten persönlichen Kontakten auf
erzwungenen oder freiwilligen Reisen stand die Vermittlung der
Grundbücher der Aufklärung im Rahmen eines weitgespannten literarischen Beziehungsgeflechts an Wichtigkeit nicht nach; die 1741 vorgelegte Übersetzung von Pierre Bayles „Dictionnaire historique et cri-
tique" (1695–97) durch Johann Christoph Gottsched gehört ebenso
hierher wie die Übertragung der bedeutendsten Essays von John Locke
oder David Hume ins Deutsche. Montesquieus „De l'esprit des lois"

(1748) lag fünf Jahre nach seinem ersten Erscheinen in deutscher Übersetzung vor und wurde auf breiter Basis von den politisch interessierten Köpfen rezipiert. Das das Rechtsdenken und die Strafrechtsreformen der Zeit so massiv beeinflussende Werk „Dei delitti e delle pene" (1764) des italienischen Aufklärers Cesare Beccaria wurde binnen kurzem in alle wichtigen europäischen Sprachen – u. a. 1766 ins Deutsche – übersetzt und strahlte über die englische Ausgabe wirkungsgeschichtlich bis nach Nordamerika aus. Ein frühes, an der Eingangsschwelle des Betrachtungszeitraums stehendes Beispiel für eine solche europaweite Rezeptions- und Wirkungsgeschichte ist Samuel von Pufendorfs 1663 erschienenes Werk „De officio hominis et civis iuxta legem naturalem", von dem bis ins 19. Jahrhundert 150 Ausgaben, Übersetzungen und Bearbeitungen erschienen und das nicht nur bei den Juristen unter den Gebildeten ungemein zur Popularisierung des Naturrechts beitrug. Zum Austausch der Ideen trat vielfach die Adaption von Vermittlungs- und Organisationsformen. Daß sich Christian Thomasius mit seinem Rezensionsorgan der „Monatsgespräche" an Pierre Bayles „Nouvelles de la République des Lettres" orientierte, ist ebenso bekannt wie der Einfluß der englischen Vorbilder des „Tatler" und des „Spectator" auf das Genre der Moralischen Wochenschriften in Deutschland. Was die epochenspezifischen Organisationsformen und gesellschaftlichen Konfigurationen betraf, sind beispielsweise die u. a. auf dem Vorbild der Londoner „Royal Society" und der „Académie des Sciences" aufruhende Akademiebewegung oder auch das von England sich ausbreitende System der Freimaurerlogen als transnationale Phä-

Rezeptions- nomene geläufig. Wenn aus diesen wenigen, die europäische Dimen-
bedingungen und sion der Aufklärung andeutenden Beispielen ein eher rezeptiver, sich
Wirkungsmöglich- vielfach an westeuropäischen Vorbildern orientierender Charakter der
keiten der deutschen deutschen Aufklärung herausgelesen wird, so ist dies gewiß nicht un-
Aufklärung richtig. Einmal abgesehen davon, daß auch die deutsche Aufklärung mit Pufendorf, Wolff oder Lessing Denker und Literaten von Rang aufzuweisen hat, gilt freilich auch, daß Rezeptionen nie eindeutig und linear verlaufen und daß es zu einer osmotischen Durchdringung des Rezipierten mit autochthonen Traditionen und Individualitäten kommt. Das Ergebnis konnte dann seinerseits richtungsweisend sein; wohl wurde Kant von Hume aus seinem „dogmatischen Schlummer" gerissen, Meisterdenker aber war er selbst.

Struktur des   Betrachtet man die Rezeptionsbedingungen und Wirkungsmög-
deutschen Reiches lichkeiten der Aufklärung in Deutschland, so ist zunächst die politische Struktur des Heiligen Römischen Reiches deutscher Nation zu berücksichtigen. Unter dem Dachverband des Reiches und unter der mit Re-

likten imperialen Glanzes ausgestatteten Oberhoheit des Kaisers waren
ca. 300 Reichsstände assoziiert, die gegenüber der Zentralgewalt einen
weitgehend autonomen Status erlangt hatten und in macht-, konfessi-
ons- und kulturpolitischer Hinsicht ihr Eigenleben entfalteten oder dies
zumindest versuchten. Hinter dem Sammelbegriff des Reichsstandes
verbargen sich recht verschiedenartige verfassungsgeschichtliche Ty-
pen. Dominant war der Fürstenstaat, wobei zu differenzieren ist zwischen den weltlichen, von einer Erbdynastie regierten Fürstentümern
des katholischen und des protestantischen Deutschland und den nur
noch im katholischen Reiche anzutreffenden geistlichen Wahlfürsten-
tümern, die als eine Form der Priesterherrschaft den kirchenkritischen
Vertretern der Aufklärung in hohem Maße suspekt waren. Beide Herr-
schaftsvarianten begegneten im Reich in unterschiedlicher Größenordnung: Bedeutenden Territorien wie Österreich, Preußen, Bayern und
Sachsen oder auch geistlichen Flächenstaaten wie Münster, Würzburg
oder Salzburg standen die zahlreichen Kleinstaaten gegenüber – die
sog. Duodezfürstentümer, deren „Quadratmeilen-Monarchen" über
kaum mehr als eine eifersüchtig bewachte Pseudosouveränität geboten.
Dieser Rückzug ins Gehäuse der Verfassungstradition, bei der die Autonomie nach außen vom Reich, die binnenstrukturelle Ordnung durch
das Reichsherkommen abgesichert wurde, gilt auch als hervorste-
chende Eigenschaft der deutschen Reichsstädte. Erweitert man den
verfassungshistorischen Varietätenkatalog schließlich noch um die
Reichsklöster, Reichsdörfer und Reichsritterschaften, so vermag dies
einen ersten oberflächlichen Eindruck von der Heterogenität und Frag-
mentierung des Alten Reiches vermitteln.

Daß wir, anders als in Frankreich oder England, in Deutschland
keine zentralstaatliche, vielmehr eine föderative Entwicklung vor uns
haben, blieb für den Prozeß der Aufklärung in Deutschland nicht folgenlos. Zwar gab es einige mit zentralen Einrichtungen des Reiches
ausgestattete Städte wie Wien, Mainz oder Regensburg, aber es gab
keine Hauptstadt. Ein dominantes Gravitationszentrum des sich vorzugsweise im urbanen Milieu vollziehenden aufklärerischen Diskurses,
in dem sich die intellektuellen Kräfte bündelten, wie das in Paris oder
London der Fall war, fehlte indes. Während in England und in Frankreich die Aufklärung somit eher als Hauptstadtphänomen anzusehen
ist, war sie in Deutschland eine disperse Erscheinung. Das Korrelat zur
staatlichen Partikularisierung des Alten Reiches war nämlich seine Polyzentrik mit dem Nebeneinander von zahlreichen fürstlichen Residenzstädten, Reichs- und Territorialstädten. Freilich: von den zu Beginn der Frühen Neuzeit ca. 3500 Städten des Reiches gehörten um

*Polyzentrik
der deutschen
Aufklärung*

1800 annähernd 3000 der Kategorie der im Status der Ackerbürgerstadt verharrenden Zwergstädte mit unter 1000 Einwohnern an, gefolgt von einigen hundert Mittelstädten. Der Weg nach Krähwinkel war somit allemal näher als der in eine Großstadt mit über 10000 Einwohnern. Diese Größenordnungen sowie die reichsstädtischen Petrefakte waren es vor allem, die die Aufklärer des 18. Jahrhunderts die Vorstellung von der Verschlafenheit der deutschen Städte, von der Indolenz gegenüber den ökonomischen und technologischen Herausforderungen kolportieren ließ. Doch das erfaßte nicht die ganze Wirklichkeit. Messe- und Handelsstädte wie Leipzig oder Hamburg, ferner die zahlreichen Residenz- und Verwaltungsstädte hatten das Potential, zu Zentren oder wenigstens doch Nebenzentren der Aufklärung in Deutschland zu werden.

Universitätsstädte und akademischer Grundzug der deutschen Aufklärung

Wichtig für eine Streuung der Aufklärung war schließlich eine weitere Eigentümlichkeit des Alten Reiches: Deutschland war auch das Land der zahlreichen – keineswegs mit den Residenzstädten identischen – Universitätsstädte. Wiederum als Folge der reichsständischen Autonomie leisteten sich zahlreiche Fürstentümer sowie vereinzelt auch Reichsstädte aus praktischen Erwägungen, aber auch aus Prestigegründen eigene Universitäten. Insgesamt existierten im Alten Reich ca. 40 Universitäten, an denen zu Ende des 18. Jahrhunderts schätzungsweise 800 Professoren lehrten und zwischen sechs- und siebentausend Studenten immatrikuliert gewesen sein sollen. Deutschland war in Europa somit das Land mit den meisten Universitätsstädten, die von ihren Professoren, Studenten sowie universitätsverwandten Berufen wie Buchdruckern und -händlern geprägt wurden. Daraus resultiert zweifelsohne jene der deutschen Aufklärung wiederholt attestierte akademische Grundierung. Und so gesehen kommt es nicht von ungefähr, daß es mit Christian Thomasius' Ankündigung einer deutschsprachigen Vorlesung 1687 in Leipzig – im Rahmen einer der Latinität verpflichteten Gelehrtenkultur war das ein aufsehenerregendes Ereignis – eine universitätsgeschichtliche Zäsur ist, die sozusagen als der Thesenanschlag der deutschen Aufklärung gilt.

Karrierechancen für Dienstleistungseliten

Die politische Struktur des Reiches bot für die staatliche Verdichtung in den Territorien günstige Voraussetzungen; die auf das Fernziel des bürokratischen Monopolstaates fixierte administrative Durchdringung des Raumes war in der kleinen staatlichen Einheit leichter möglich als im großflächigen Zentralstaat. Zugleich stimulierte die politische und konfessionelle Konkurrenzsituation, wie sie im Deutschland des 18. Jahrhunderts im preußisch-österreichischen Dualismus ihre klassische Ausprägung fand, vielfach eine an Verwaltungsrationalität und -effizienz orientierte staatliche Reformtätigkeit. Dies bot im Verbund mit der unter dem Begriff der Polyzentrik subsumierten Existenz zahlreicher Residenz-, Verwaltungs-, Garnisons- und Universitätsstädte reichliche Karrierechancen im Staatsdienst für jene akademisch geschulte Beamten- und Bildungselite, die ganz wesentlich auch die Gesellschaft der Aufklärer konstituierte. Die daraus resultierende Symbiose einer von aufklärerischen Ideen inspirierten Dienstleistungselite mit dem Reformabsolutismus der Fürsten, die gemeinhin als aufgeklärter Absolutismus apostrophiert wird, gehört zu den markanten Spezifika der Aufklärung in Deutschland.

Die dem Alten Reich immanente Tendenz zu regionalen Sonderentwicklungen wurde verstärkt durch die konfessionellen Trennungslinien. In der bis zum Ende des Alten Reiches verbindlichen Form waren sie 1648 durch den Westfälischen Frieden markiert worden, der neben Katholiken und Lutheranern nun auch die Reformierten reichsrechtlich anerkannt und die sog. Normaljahrsregelung eingeführt hatte. Wohl war damit der Religionskrieg aus der Reichsgeschichte verabschiedet worden, nicht aber der konfessionelle Konflikt und schon gar nicht das wechselseitige Mißtrauen der reichsrechtlich anerkannten Konfessionen. Streitigkeiten über die paritätische Besetzung der Reichsgremien, konfligierende konfessionelle Interessen in den gemischtkonfessionellen Reichsstädten, katholische Befürchtungen über die Säkularisation der verbliebenen geistlichen Fürstentümer durch protestantische Territorien, Aufgeregtheit im protestantischen Lager über die gar nicht so seltenen Konversionen evangelischer Fürsten, schließlich auch konfessionell bedingte Migrationsbewegungen wie der Auszug der Salzburger Protestanten (1731/32) – das alles prägte das politische und geistige Klima mit. Die auch für das 18. Jahrhundert keineswegs zu übersehende Virulenz des Konfessionsproblems führte dazu, daß der Kampf gegen theologische Orthodoxie und konfessionelle Intransigenz ein zentrales Thema der Aufklärung war.

Konfessionelle Trennungslinien im Alten Reich

Die Ausgangssituation in den protestantischen und katholischen Territorien des Reiches war dabei durchaus verschieden. In den ersteren war die Frage der Stellung der Kirche im Staat seit der Reformation entschieden: der Landesherr stand an der Spitze einer Landeskirche und delegierte Jurisdiktions-, Administrations- und Lehrfragen an nachgeordnete geistliche Behörden. Aufgrund dieses landesherrlichen Summepiskopats konnte Friedrich II. von Preußen mit vollem Recht behaupten, er sei gewissermaßen der Papst seiner Landeskirche. Demgegenüber mußten sich die katholischen weltlichen Reichsfürsten in Kirchenfragen mit den Diözesanbischöfen, die zugleich auch Reichsfürsten waren, sowie mit päpstlichen Mitwirkungsansprüchen auseinandersetzen.

Verschiedene Rahmenbedingungen in katholischen und protestantischen Territorien

Dazu kam, daß in den protestantischen Territorien im Zuge der Reformation das Klosterwesen beseitigt und das Kirchengut eingezogen worden war, wohingegen die Kirche in den katholischen Territorien ihre Privilegien und Besitzrechte weitgehend hatte bewahren können. Ferner stand zu dem in landesherrliche oder kommunale Regie überführten Bildungswesen des protestantischen Deutschland im katholischen Reichsteil das Kontrastprogramm eines bis 1773 vom Jesuitenorden dominierten Systems. Von den katholischen Aufklärern wurde dies teilweise als erdrückender Traditionsballast empfunden, der gelegentlich zu neidvollen Seitenblicken in protestantische Territorien verleitete und die Abgrenzung der Bereiche kirchlicher und weltlicher Leitungsgewalt ins Zentrum der Diskussion rückte. Kulminierend im österreichischen Josephinismus, ging es um den Einbau der Kirche in den Staat, und die Epoche der Aufklärung ist im katholischen Reichsteil wesentlich geprägt von der praktischen Politik des aufgeklärten Staatskirchentums. Die dabei üblichen Auseinandersetzungen zwischen einer an hergebrachten Rechten festhaltenden Kirche und einem auf Abbau kirchlicher Privilegien bedachten Staat mußten im protestantischen Deutschland nicht mehr ausgefochten werden. Dort konnte man sich von Anfang an stärker auf die theoretische Bekämpfung der theologischen Orthodoxie konzentrieren.

Periodisierung der Aufklärungsepoche   Wenn diese Unterschiede das vielfach konstatierte „zeitliche und sachliche Gefälle im Vordringen der Aufklärung zwischen protestantischen und katholischen Gebieten" [66: R. VIERHAUS, Staaten und Stände, 178] zeitigten, so führte das oft genug dazu, daß die Aufklärung im katholischen Deutschland lange Zeit kaum bzw. nur unangemessen zur Kenntnis genommen wurde – weil sie eben erst seit den 1720er Jahren an Virulenz gewann und in der in Deutschland vor allem mit dem Namen von Christian Thomasius verbundenen Frühaufklärung keine deutlich sichtbare Rolle spielte. Wenn für deren Beginn im Regelfall die 1680er Jahre angesetzt werden, so ist solch eine fixe Datierung natürlich stets auch eine auf pragmatischem Forschungskonsens beruhende Hilfskonstruktion, die die transitorische Verquickung alter und neuer Ansätze in einer Phase des Übergangs keineswegs unterschlagen will. Es kann deshalb nicht genug betont werden, daß die im späten 17. Jahrhundert an Breitenwirkung gewinnenden Denkansätze auf Vorleistungen aufbauten, ja wesentlich Popularisierungen dessen waren, was die zentralen Autoren des 16. und 17. Jahrhunderts vorgedacht hatten. Daß die methodische Skepsis eines Descartes essentielle Voraussetzung für den Rationalismus der Aufklärung war, wurde bereits angedeutet. Daneben gilt, daß beispielsweise die Wissenschaftspraxis des

18. Jahrhunderts vorgeprägt war im praxisorientierten Empirismus
Francis Bacons, oder daß der an der Schwelle zur Aufklärung stehende
Samuel von Pufendorf bereits seinen Zeitgenossen eher als Vermittler
der Naturrechtsphilosophie von Hugo Grotius und Thomas Hobbes
denn als origineller Denker galt. Aus den genannten Beispielen geht indirekt bereits hervor, daß der Konsens, die Zeit seit den 1680er Jahren
als Phase der Frühaufklärung einzustufen, aus einer primär ideenge-
schichtlichen Perspektive resultiert. Deutlicher faßbar wird die Aufklärung als eine Bewegung, die sich auf gesellschaftlich erweiterter Basis
in spezifischen Organisationen verfestigt und sich in praktischer Re-
formarbeit konkretisiert, etwa seit den 1720er oder 1730er Jahren. Aus
sozialgeschichtlichem Blickwinkel wird man hier den Beginn der
Kernzeit der Aufklärung anzusetzen haben. Was nun deren Ende betrifft, so herrscht weitaus geringerer Konsens. Gerät für den einen die
deutsche Aufklärung bereits Mitte der 70er Jahre des 18. Jahrhunderts
in eine „schwere Krise" [53: W. SCHNEIDERS, Lexikon, 19], so sind dem
anderen die Jahre um 1780 der „Höhepunkt ihrer gesellschaftlichen
Geltung" [63: H. MÖLLER, Vernunft und Kritik, 25]. Unzweifelhaft ist
freilich, daß sich in den genannten beiden Jahrzehnten auf disparaten
Aktionsebenen qualitativ Neues anbahnte und daß die Aufklärung sowie der von ihr propagierte Utilitarismus selbst Gegenstand kritischer
Diskussion wurden. Zu verweisen ist beispielsweise auf die vitalisti-
sche Jugendbewegung der Stürmer und Dränger, die der Vernünftigkeit
des domestizierten Bürgers die Spontaneität des Genies entgegensetzte.
In den 1780er Jahren erschienen die drei Kritiken Kants – allen voran
die „Kritik der reinen Vernunft" (1781) –, die die erkenntnistheoreti-
sche Begrenztheit des aufklärerischen Vernunftprinzips thematisierten.
Mit der Gründung des Geheimbunds der Illuminaten (1776) erreichte
die Politisierung der Aufklärung jene Steigerung, die dann ab der Mitte
der 1780er Jahre die staatliche Gegenreaktion provozierte. Vollends in
den 1790er Jahren wurde evident, daß die Aufklärung an Dominanz
einbüßte und sich einem Pluralismus konkurrierender Weltanschauun-
gen einordnen mußte, als sie unter dem Eindruck der Französischen
Revolution von den sich formierenden Kräften der frühkonservativen
Gegenaufklärung für den Sturz der Throne und Altäre verantwortlich
gemacht wurde. Trotz dieser Einschnitte wäre es verfehlt, schon vom
Ende der Aufklärung zu sprechen. Einmal abgesehen davon, daß der
von ihr entwickelte Wertekanon in seiner universalisierten Form die zi-
vilisierte Welt weiterhin nachhaltig beeinflußt, ist einmal mehr der transitorische Charakter von Epochengrenzen zu betonen und auf den
Überhang der Spätaufklärung ins 19. Jahrhundert aufmerksam zu ma-

*Überhang der
Spätaufklärung ins
19. Jahrhundert*

chen. Gerade zu dessen Beginn gelangten in der Reformzeit Persönlichkeiten in die politischen Schlüsselpositionen, die durch Studium
und berufliche Sozialisation in der Aufklärung wurzelten; an Montgelas und seinen Mitarbeiterstab in Bayern ist dabei ebenso zu denken
wie an Hardenbergs „junge Leute" in Preußen. Daneben ist zu beachten, daß auf dem Land vielfach erst jetzt jene Geistlichen und Ärzte
Breitenwirkung erlangten, die im Geiste der Aufklärung geschult worden waren.

Der soziale Ort   Wenn schon aufgrund der verfassungs- und konfessionsgeschicht-
der Aufklärung lichen Besonderheiten des Alten Reiches die hauptstädtische Bündelung nicht zu den Merkmalen der deutschen Aufklärung zählte, und
nachdem sich der prozessuale Charakter der Aufklärung letztlich gegen
eine eindeutige zeitliche Eingrenzung sperrt, so scheint doch zumindest ihr sozialer Ort eindeutig ausgemacht. Er wird benannt, wenn im
Zusammenhang mit der Aufklärungsepoche vom Aufstieg bzw. der
Emanzipation des Bürgertums die Rede ist oder wenn das 18. Jahrhundert als das bürgerliche Jahrhundert apostrophiert wird. Nun steht es
außer Frage, daß innerhalb der altständischen Gesellschaft Verschie-
bungen stattfanden und daß für die klassische Trias von Adel, Klerus
und Bürgern – einem Lichtenbergschen Aperçu zufolge mit den Tätig-
keitsmerkmalen „1. neque ora neque labora, 2. ora et non labora, 3. ora
et labora" (Sudelbuch, Heft K 256) zu umschreiben – neue Wertigkei-
ten griffen. Die Engführung des Epochentrends der Aufklärung mit der
sozialen Großgruppe Bürgertum bedarf gleichwohl der Präzisierung.
Gerade in dem zur Rede stehenden Zeitraum ist die Kategorie Bürgertum im Wandel begriffen und – indem ältere rechtliche und soziale
Konnotationen schwinden, neue politische und moralische hinzutreten
– weniger eindeutig, als das auf den ersten Blick scheint. Dazu kommt
noch ein anderes: die soziale Topographie der Aufklärung bliebe un-
vollständig, richtete man den Blick lediglich auf das Bürgertum.

Rechtlicher   Eine erste Annäherung an die im 18. Jahrhundert noch übliche
Bürgerbegriff Bedeutungsvariante erlaubt das bekannte Ausschlußverfahren des
Preußischen Allgemeinen Landrechts von 1794, dem zufolge Bürger
war, wer nicht zum Adel und zum Bauernstand gehörte. In Anknüpfung
an die im Mittelalter entwickelten Stadtrechtsgewohnheiten und die
tradierte Ständeordnung ist damit der Stadtbürger gemeint, der im Besitz des in sich wiederum abgeschichteten Bürgerrechts war und selbständige Teilhabe am städtischen Wirtschaftsleben und Mitwirkung an
kommunalen Angelegenheiten beanspruchen durfte. Von dieser stadt-
bürgerlichen Ober- und Mittelschicht zu unterscheiden sind die unterbürgerlichen Schichten wie Taglöhner und Dienstboten, erst recht na-

türlich die Armen und Bettler, die vom Bürgerrecht ausgeschlossen waren. Der alte Bürgerbegriff bezog sich somit auf den Stadtbürger im rechtlichen Sinne und schloß keineswegs alle Einwohner einer Stadt ein, wobei die Meinungen darüber, in welchem Zahlenverhältnis die als Bürger qualifizierten und die Unterbürgerlichen standen, weit auseinandergehen – teils aufgrund des Fehlens sozialstatistischer Daten, teils aber auch, weil sich die historische Realität glättenden Durchschnittswerten widersetzt; Städten, in denen der Anteil der Oberschicht der Honoratioren auf ein bis zwei Prozent, der der Mittelschicht der Handwerker, Kaufleute, Krämer, Beamten etc. auf ca. 10% der Gesamteinwohnerzahl geschätzt wird, standen Städte gegenüber, bei denen der Anteil der im rechtlichen Sinne als Bürger geltenden auf annähernd 50% der Einwohnerzahl veranschlagt wird. Stellt man die Diskussion der prozentualen Anteile zurück, so ist für den Prozeß der Aufklärung die Differenzierung in ein altes und ein neues Stadtbürgertum von Bedeutung. *Altes und neues Stadtbürgertum* Während dem ersteren das in Zünften und Gilden organisierte wirtschaftende Bürgertum subsumiert wird, umfaßt die zweite Kategorie vor allem die Beamten und Gelehrten, denen sich in der expandierenden Bürokratie des modernen Verwaltungsstaates sowie im sekundären und tertiären Bildungssektor Beschäftigungs- und Karrierechancen boten; daneben wären noch die am literarischen Markt Partizipierenden sowie die Geistlichkeit zu nennen. Wenn diese neue akademisch gebildete Schicht als die für den aufklärerischen Diskurs entscheidende gilt, und wenn umgekehrt dem alten Bürgertum eher Aufklärungsferne attestiert wird, so ist das in bezug auf das zünftisch organisierte Bürgertum *cum grano salis* sicherlich richtig. Das handeltreibende und für neue Produktionsmethoden aufgeschlossene wirtschaftende Bürgertum scheint indes den Schulterschluß mit der Funktionselite der neuen Bürger in stärkerem Maße gesucht zu haben, als früher angenommen wurde. Daß sich dem handeltreibenden Bürgertum und dem bürgerlichen Entrepreneur in einem Land, das im internationalen Rahmen von der überseeischen Expansion ausgeschlossen war und das im Inneren von einer Vielzahl von Territorial- und Zollgrenzen durchzogen wurde, bescheidenere Entfaltungsmöglichkeiten boten als in den westeuropäischen Ländern, liegt allerdings auf der Hand.

Der alte, rechtlich gefaßte Bürgerbegriff fing nicht nur lediglich ein Segment der sozialen Wirklichkeit der Stadt ein, zugleich ist er auch ungeeignet für eine Erfassung aller am aufklärerischen Diskurs teilhabenden Gruppen. Innerhalb der Stadtmauern zählten beispielsweise die teilweise nur vorübergehend in einer Stadt weilenden sog. Eximierten – Hof- und Staatsbeamte, Militärs, Schutzverwandte des Hofes oder der *Bürgerliche außerhalb des rechtlichen Bürgerbegriffs*

Universitäten, Studenten etc. – rechtlich nicht zur Bürgergemeinde, wiewohl sie in der „bürgerlichen" Aufklärung ein gewichtiges Wort mitredeten. Außerhalb der Stadtgemarkung ist auf die „bürgerlichen" Vorposten der Aufklärung wie Geistlichkeit, Beamte und Ärzte auf dem flachen Lande zu verweisen. Und schließlich sind noch jene Gruppen zu nennen, für die die Stadt nicht der genuine Lebensraum war und die nach der alten Ständelehre auf keinen Fall zum Bürgertum zählten,

„Philosophische Bauern" und reformwillige Adelige

die sich aber partiell bürgerlichen Verhaltensnormen anpaßten. In die eine Richtung der gesellschaftlichen Hierarchie verweist das Paradigma des „philosophischen Bauern" [147: M. MAURER, Biographie, 144], der sich als Autodidakt aufgeklärte Grundsätze aneignete und dem zumindest gönnerhafte Anerkennung gezollt werden mußte. Die andere Richtung zielt ab auf den Adel. Zwar verkörperte dieser auf der einen Seite den Gegenentwurf zum Ideal der Bürgerlichkeit. Der glatte Höfling als Antipode des redlichen Mannes, veräußerlichte adelige Galanterie versus verinnerlichte bürgerliche Empfindsamkeit – Beispiele für diese Antithetik finden sich in der Literatur der Aufklärungsepoche in reichem Maße, idealtypisch zugespitzt im Genre des bürgerlichen Trauerspiels, wo höfische Kabale jungen Geschöpfen wie Schillers Luise Millerin oder Lessings Emilia Galotti die emotionale Erfüllung in einer Liebesbeziehung verwehrt. Diese prononcierte Kritik zielte nun keineswegs auf die Eliminierung des Adels schlechthin, denn der eben noch ränkeschmiedende Adelige mutierte rasch zum guten Menschen, wenn er zu erkennen gab, daß er zur Vernachlässigung seiner geburtsständischen Privilegien und zur Anerkennung des bürgerlichen Prinzips, daß Arbeit adelt, bereit war (bzw. dazu aus ökonomischen Gründen gezwungen wurde). Das konnte durch die verstärkt zu beobachtende Hinwendung zum Studium, vor allem dem der Jurisprudenz, und die damit erkennbar werdende Bereitschaft zur beruflichen Eingliederung in die Staatsverwaltung signalisiert werden. Es konnte aber auch dadurch demonstriert werden, daß sich der Adelige in seinem Wirkungskreis als reformwilliger Patron erwies. Und zweifelsohne beeindruckte es, wenn er dem höfischen Luxus entsagte und sich schon rein äußerlich bürgerlicher Schlichtheit annäherte; daß Friedrich II. von Preußen den einfachen Soldatenrock bevorzugte oder daß Joseph II. am Wiener Hof das spanische Mantelkleid abschaffte und die funktionale Uniform hoffähig machte, sind hierfür die auffallendsten Beispiele. Der seiner Standesspezifik entkleidete Adelige, der sich in die Gemeinschaft des Tugend- und Verdienstadels einfügte, war als geläuterter Mensch und als subkutanes Leitbild des aufstiegsorientierten Bürgers in der Gesellschaft der Aufklärer willkommen.

So wie der enggefaßte alte Bürgerbegriff auf der politischen Ebene im Zuge der Applanierung ständischer und korporativer Sonderrechte obsolet wurde und durch die alle Personen gleichermaßen erfassende Einwohnergemeinde bzw. Staatsbürgergesellschaft abgelöst wurde, so mußte er vor dem skizzierten Hintergrund in einem sozialethischen Sinne ausgeweitet werden, um in schichtenunspezifischer Weise all jene zu umspannen, die sich nach Mentalität und Habitus einem gemeinsamen Wertesystem verpflichtet fühlten und für sich die ökonomische und moralische Wertschöpfungskompetenz beanspruchten. Einen begrifflichen Ausweg bietet hier das ständeüberwölbende Paradigma der Bürgerlichkeit, das all jene umfaßt, die im rationalen wie emotionalen Sinne eine „bürgerliche" Existenz führten. Angesprochen ist damit einmal die Akzentuierung einer optimalen Ausschöpfung der Ressource Zeit, einer effizienten Gestaltung des Arbeitsprozesses und der bürgerlichen Tugenden wie Fleiß, Ordnung und Sparsamkeit. Andererseits ist damit aber auch der permanente Appell an das Gute im Menschen gemeint. Treue, Redlichkeit, Bescheidenheit und gefühlige „Aufrichtigkeit des Herzens" wurden die Komplementärtugenden zum Geist der Rechenhaftigkeit. Beides, Kalkül und Gefühl, in einer Biographie zu harmonisieren, das war die dem Bürger abverlangte psychische Leistung, der im Falle des Gelingens für sich beanspruchte, wahrer Mensch zu sein. Hier kündigte sich das neuhumanistische Ideal des „homo vere humanus" an, dessen universalistischer Geltungsanspruch in der Epoche der Aufklärung mit dem Begriff des Weltbürgers auf den Punkt gebracht wurde. Daß dieser Kosmopolitismus in den enggesteckten Grenzen einer Reichsstadt oder eines Kleinfürstentums blühte, gehört wiederum zu den Eigentümlichkeiten der deutschen Aufklärung.

Bürgerlichkeit als ständeüberwölbendes Paradigma

2. Soziabilität

Geht man davon aus, daß Personenkreisen mit gemeinsamem Wertehorizont das Verlangen nach Gedankenaustausch und wechselseitiger Selbstvergewisserung eignet, bot die altständische Gesellschaftsordnung der neuen Bürgerlichkeit bestenfalls beschränkten Entfaltungsraum. Das Profil der herkömmlichen Zusammenschlüsse von Personen wurde konturiert von Geburtsstand, Beruf und Konfession sowie daraus abgeleiteten Sonderrechten; Gilden und Zünfte waren berufsständische Organisationen, deren Interesse sich auf Privilegienwahrung und

Neuer Typus der voluntaristischen Assoziation

Konkurrenzabwehr richtete; religiöse Laienvereinigungen waren an die
Konfession – und wie im Falle der Gesellenbruderschaften auch an
einen Beruf – gebunden; für die sich an den protestantischen Universitäten ausbreitenden studentischen Landsmannschaften waren Studium
und regionale Herkunft die konstitutiven Faktoren. Der Beitritt zu diesen Organisationen stand weder jedem frei, noch war er für diejenigen,
die beitreten durften, nur freiwillig; die Voraussetzung für die Ausübung beispielsweise eines Handwerks oder Gewerbes war eben die
Mitgliedschaft in der einschlägigen Berufsgenossenschaft. Evident ist
somit, daß – in Analogie zur Enge des alten Bürgerbegriffs – die tradierten Vergesellschaftungsformen das neue Bürgertum bzw. die unter
der ständetranszendierenden Kategorie der Bürgerlichkeit Zusammengefaßten weder aufnehmen konnten noch wollten. Umgekehrt hätten
diese in der engen Zweckgebundenheit der alten Verbände wohl kaum
den Ort erblickt, wo sie den auf ihren Lebenskreis und ihre Wirkungsabsicht abgestimmten Gedankenaustausch und gruppenspezifischen
Habitus pflegen konnten. Kurzum: die aufgeklärte oder mit der Aufklärung sympathisierende Bürgerlichkeit bildete ihre eigenen Figurationen, die nicht den herkömmlichen ständischen Beschränkungen unterworfen waren, sondern in statusneutralisierender Absicht all jenen offenstanden, die sich freiwillig zu geselliger oder nützlicher Aktivität
vereinen wollten. Daß diese Offenheit der neuen voluntaristischen
Assoziationen zu einem gewissen Teil eine nur vorgebliche war und
daß es in der Praxis durchaus sozial und religiös motivierte sowie
geschlechtsspezifische Restriktionen und Präferenzen gab, steht auf
einem anderen Blatt und wird zu erörtern sein. Doch das ändert nichts
daran, daß das Erscheinungsbild des „geselligen Jahrhunderts" der
Aufklärung entscheidend von neuen Assoziationstypen geformt wurde, die Inhalte und Grenzen ihres Kommunikationsraums bestimmen
mußten.

Absolutistischer
Fürstenstaat und
Öffentlichkeit

Angesprochen ist damit zugleich die Entstehung einer neuen
Form von Öffentlichkeit unter den Bedingungen des absolutistischen
Obrigkeitsstaates, die so nicht vorgesehen war, da der Fürstenstaat für
sich nun einmal reklamierte, politische Entscheidungen unter entschiedenem Ausschluß von Partizipationsmöglichkeiten im Arkanbereich
der Höfe und Kabinette zu fällen und den öffentlichen Raum exklusiv
seiner Selbstinszenierung vorzubehalten. Daß dieser Anspruch auf das
Politik- und Öffentlichkeitsmonopol ein bestimmendes Element absolutistischer Staatsräson war, wurde nicht zuletzt auf die Erfahrung der
religiös motivierten Bürgerkriege zurückgeführt. Nachdem die Diskussion religiöser Sachverhalte unter politische Vorzeichen gestellt und

umgekehrt die Politik konfessionalisiert worden war, habe es der Etablierung des zur Neutralisierung politisch-religiöser Konflikte fähigen
Zwangsstaats bedurft, wie er sich auf dem europäischen Kontinent mit
dem Absolutismus dann auch weitgehend durchsetzte. Politik und Moral bzw. Religion wurden getrennt, der die Staatsräson störende oder
gar von ihr abweichende Diskurs wurde strikt in den privaten Raum
verwiesen. Wenn nun für das 18. Jahrhundert mit den nachfolgend zu
beschreibenden Formen der Soziabilität eine Bewegung entstand, die
das Tugendsystem der Bürgerlichkeit offensiv vertrat und mit kritischer
Spitze gegen die tradierte Ständeordnung als neues gesellschaftliches
Paradigma in den öffentlichen Raum trug, mithin diesen „moralisch"
auflud und politisierte, so beschreibt dieser „Strukturwandel" [84: J.
HABERMAS] freilich nur einen Idealtypus. Einmal, weil er auf das Öffentlichkeitsmonopol des Hofes bzw. dann für das 18. Jahrhundert auf   Formen der
den Dualismus zwischen der Öffentlichkeit der Macht und der neuen   Öffentlichkeit
bürgerlichen Öffentlichkeit fixiert ist und frühere und parallele Öffentlichkeiten ausklammert; die von den Streitern auf Kanzel und Katheder
seit dem 16. Jahrhundert u. a. durch Disputationen und Flugschriften
hergestellte Öffentlichkeit wäre hier ebenso zu nennen wie Formen einer traditionalen Öffentlichkeit (Marktplatz, Wirtshaus), die weniger
durch schriftliche als durch mündliche, bildliche und symbolische Mit-
teilungsformen bestimmt wurde. Zum anderen scheint der Dualismus
von repräsentativer, höfisch inszenierter und „bürgerlicher" Öffentlichkeit über Gebühr antagonistisch interpretiert, insofern die neue Form
des 18. Jahrhunderts zu ausschließlich als Gegenöffentlichkeit aufgefaßt wurde. Tatsächlich aber gab es zwischen beiden Sphären zahlreiche Überschneidungen. Einmal partizipierten durchaus auch Adelige
an den Geselligkeitsformen der „bürgerlichen" Aufklärung. Zum anderen rekrutierte sich das bürgerliche Personal der aufklärerischen Soziabilität zum nicht geringen Teil aus Berufsfeldern mit enger Staatsbin-
dung wie der Beamtenschaft oder dem hohen Militär. So gesehen waren es Auflösungs- und Reformtendenzen im Adel sowie Reform- und
Aufstiegsambitionen loyaler Bürgerlicher, die in den neuen Assoziationstypen und Geselligkeitsformen des 18. Jahrhunderts konvergierten.
Diese wiederum waren in Verbindung mit der Verdichtung des Infor-
mationsnetzes und der Auffächerung der Medienlandschaft sowie zunehmender Alphabetisierung konstitutiv für eine Öffentlichkeit, die als
kommerziell nutzbarer Kommunikationsmarkt eine sich zunehmend
staatlicher Kontrolle entziehende Eigendynamik entfaltete.

Eine ihrer Filialen, innerhalb derer Nachrichten, Ondits, Meinun-   Das Kaffeehaus
gen und Stimmungen ausgetauscht wurden, war das Kaffeehaus, das   als Ort des
                                                                    Räsonnierens

sich als ein die Schenken und Gasthäuser des alten Stadtbürgertums und der unterbürgerlichen Schichten ergänzender Treffpunkt der „gebildeten Stände" etablierte. Der Kaffee – seit den 1720er Jahren beim wohlhabenden Bürgertum in Mode gekommen – war das dem Geist der Aufklärung adäquate Getränk. Während Alkoholika benebelten und enthemmten, war er sozusagen die pharmakologische Stütze jener, die beim Arbeiten einen klaren Kopf brauchten. Angesprochen ist damit wieder die für den Prozeß der Aufklärung konstitutive Schicht der Beamten, Gelehrten, im literarischen Leben Aktiven, Kaufleute etc., die ihrer Arbeit vielfach nicht in der eigenen Wohnung nachging und somit auch in besonderer Weise auf einen außerhäuslichen Treffpunkt angewiesen war. Es war deshalb kein Zufall, daß sich die Kaffeehäuser zunächst in den Handels-, Residenz- und Universitätsstädten etablierten. Dem männlichen Publikum vorbehalten, waren sie zum einen der Ort des Spiels und des Konsums, nicht zuletzt aber auch des Meinungsaustauschs und der Diskussion, zumal gerade in den größeren Kaffeehäusern eine ansehnliche Zahl von Zeitungen und Journalen auslag. Daß dabei die dem politischen Räsonnieren gesteckten engen Grenzen bisweilen überschritten wurden, daß mithin den Kaffeehäusern eine nicht zu vernachlässigende Rolle bei der Entstehung einer politischen Öffentlichkeit zukam, wird dadurch bestätigt, daß sie auch zum Objekt polizeilicher Observation wurden; zumal nach dem Ausbruch der Französischen Revolution häuften sich Verordnungen, die politische Debatten im öffentlichen Raum des Kaffeehauses unterbinden wollten.

Deutsche Gesell-schaften und literari-sche Öffentlichkeit   Wechselt man auf die Ebene der institutionalisierten Mitgliederassoziationen, so ziehen im Jahrhundert der Aufklärung drei Formen besonderes Interesse auf sich: die Deutschen Gesellschaften, die Lesegesellschaften und schließlich die Patriotischen oder Gemeinnützigen Gesellschaften. Was erstere betrifft, so sind die frühesten Repräsentanten die Hamburger „Teutsch-übende Gesellschaft" von 1715, der u. a. Barthold Hinrich Brockes angehörte, vor allem aber die auf diversen Vorstufen aufbauende „Deutsche Gesellschaft" zu Leipzig, die mit dem Eintritt von Johann Christoph Gottsched 1726 in die Phase ihrer intensivsten Wirksamkeit eintrat und zum Vorbild für weitere Gründungen der 40er und 50er Jahre u. a. in Göttingen, Jena, Königsberg, Altdorf und Kiel wurde. Das primäre Anliegen der Deutschen Gesellschaften, in denen sich insgesamt schätzungsweise 3000 Personen engagierten, war die Entwicklung einer deutschen Hoch- und Schriftsprache, die sowohl die regionalen Dialekte überwölben als auch die deutsche Sprache von Latinismen und den zahlreichen Entlehnungen aus dem Französischen reinigen sollte. Dieser sprachschöpferische Impetus verband die Deutschen Gesellschaften mit den Sprachgesellschaften des 17. Jahrhunderts, von denen sie sich indes dezidiert absetzten. Neben der kritischen Ablehnung der überladenen barocken Rhetorik wollte man den stärker in der höfischen Adelskultur verwurzelten barocken Sprachgesellschaften ein Neues entgegensetzen: die Vereinigung einer den Adel zwar nicht prinzipiell ausschließenden, aber generell über geburtsständische Kriterien hinwegsehenden, der Arbeit an der Sprache verpflichteten und damit auch entsprechend qualifizierten Personengruppe. Indem sich aber vorzugsweise der „„mittlere Stand' zwischen Adel und ungelehrten Schichten" [227: W. HARDTWIG, 227] in den Deutschen Gesellschaften versammelte, schuf sich jene im tradierten Ständesystem nicht eindeutig zu verortende Schicht der Gebildeten, die den Prozeß der Aufklärung maßgeblich beherrschte, ein erstes Forum. Da dieses nicht nur der Erarbeitung einer deutschen Nationalsprache diente, die ja im übrigen nicht die Sprache der im französischen Geist erzogenen adeligen Höflinge war, sondern auch dazu genutzt wurde, um die unter dem Begriff der Bürgerlichkeit zusammengefaßten Tugenden zu propagieren, barg die Sprachreformbewegung zweifelsohne auch ein kritisches Potential.

Ähnliches traf auf die Lesegesellschaften zu, von denen es im Deutschland des ausgehenden 18. Jahrhunderts über 400 gab und deren Ziel zunächst einmal die kostengünstige Bereitstellung von Lesestoff war. Neben den Abonnements- oder Kaufgemeinschaften, die ihren Mitgliedern die angeschaffte Lektüre im Umlaufverfahren zugänglich machten bzw. zu gemeinsamem Gebrauch in einer Bibliothek deponierten, sind hier vor allem jene Gesellschaften von Interesse, die zudem auch noch Klubräume unterhielten. Diese ausgereifteste Form der Lesekabinette, die in Deutschland seit der Jahrhundertmitte greifbar wird, setzte natürlich eine gewisse Zahl investitionsbereiter Gebildeter voraus, die am ehesten in Verwaltungs-, Residenz- und Universitätsstädten sowie den Handels- und Messeplätzen gegeben war. In den Lesekabinetten sammelte sich somit die soziale Kerngruppe der Aufklärung, die sich hier einen Bereich selbstverwalteter Autonomie schuf, der nicht nur der Lektüre diente, sondern auch dem „lehrreichen gesellschaftlichen Umgang" [415: H. KIESEL/P. MÜNCH, 176]. Daß damit die Erörterung gesellschaftlicher und politischer Themen gemeint war, geht aus den Schwerpunkten erhalten gebliebener Bibliothekskataloge eindeutig hervor. Da solche Diskussionen in der Epoche der Aufklärung stets den praktischen Nutzen im Auge hatten, führt von den Lesegesellschaften ein direkter Weg zu den Patriotischen oder Gemeinnützigen Gesellschaften, die sich seit den 1760er

Lesegesellschaften und Patriotische Gesellschaften

Jahren ausbreiteten und deren Anliegen im wesentlichen die Verbreitung nützlicher Kenntnisse im Bereich von Landwirtschaft und Handel sowie die Verbesserung des Bildungswesens war. Wer sich auf diesen Betätigungsfeldern hervortat, der galt als „Patriot", als ein „Mann, der Land und Leuten treu und redlich vorstehet und sich die allgemeine Wohlfahrt zu Herzen gehen lässet" [34: J. H. Zedler, Bd. 26, 1393]. Dieser gemeinwohlorientierte Patriotismus oszillierte zwischen kleinstaatlicher Enge und weltbürgerlichem Anspruch, war doch sein Aktionsradius einerseits die Heimatstadt oder eines der vielen deutschen Vaterländer. Andererseits wurde mit dem Einsatz für das *bonum commune* jene Form des Altruismus vorgelebt, die mit dem Anspruch auftrat, universales humanes Prinzip zu sein. Solcher unter der Flagge der aufklärerischen Glückseligkeitslehre auftretender Bürgersinn beinhaltete tendenziell den Anspruch auf politische Partizipation, insofern er sich mit dem gemeinen Besten – also den öffentlichen Angelegenheiten – befaßte. Gleichwohl wäre es verfehlt, gerade am Beispiel der Patriotischen Gesellschaften einen Antagonismus zwischen Staat und aufklärerischer Soziabilität aufzumachen. Viele dieser gemeinnützigen Gesellschaften wurden von den Obrigkeiten protegiert oder waren gar auf deren Initiative gegründet worden, zudem war gerade der Anteil der in der Staatsverwaltung Tätigen unter den Mitgliedern beträchtlich; von den zwischen 1765 und 1792 gewählten Hamburger Senatoren gehörten beispielsweise 57,9% der Gesellschaft zur Beförderung der Künste und nützlichen Gewerbe an.

Soziabilität im geheimen   Begibt man sich auf die Ebene der im geheimen wirkenden Soziabilität, so ist hier zunächst einmal ein zentrales Unterscheidungsmerkmal zu beachten. Zum einen haben wir mit der Freimaurerei als dem Phänotyp der von der Außenwelt abgeschirmten Assoziationen eine Organisation vor uns, die insofern zwischen Öffentlichkeit und Geheimnis changierte, als ja die Existenz von Logen durchaus bekannt war, nicht allerdings, wer ihnen angehörte und welche internen Rituale vollzogen wurden. Zum anderen kennen wir Vereinigungen, deren politisches Programm so weitreichend war, daß nicht nur die Interna der Geheimhaltung unterlagen, sondern auch die Existenz der Organisation geheim bleiben sollte. Innerhalb solcher systemkritischen und im Extremfall die Fürstenherrschaft in Frage stellenden Vereinigungen mußte also – um es mit den Worten des Gründers des Geheimbunds der Illuminaten auszudrücken – am „Meisterstück der mit der Moral vereinigten Politik" [zit. nach 8: R. van Dülmen, Geheimbund, 168] unter dem Schutz eines doppelten Geheimnisses gearbeitet werden.

Was die Freimaurerei betrifft, so gelten als deren Ursprung die im Mittelalter wurzelnden Dombauhütten. Zunächst in England wurde diese berufsständische Rekrutierungsbasis erweitert, indem Berufsfremde als Ehrenmitglieder aufgenommen wurden. Mit diesen „angenommenen" Maurern vollzog sich der Übergang von der operativen zur spekulativen Maurerei als einer nur noch in Symbolik und Geheimhaltungspflicht an die Bauhütten erinnernden voluntaristischen Assoziation. In England war dieser Prozeß in etwa mit der Publikation des Konstitutionenbuchs von James Anderson im Jahre 1723 abgeschlossen. Wenig später begann dann die Ausbreitung der Logen auf dem Kontinent. In Deutschland wurde die erste 1737 in Hamburg gegründet. Bis 1789 wurden für den deutschsprachigen Raum ausschließlich der Schweiz und Österreich 384 Freimaurerlogen gezählt, tatsächlich dürften es mehr, annähernd 450, gewesen sein, denen im Gesamtzeitraum schätzungsweise 27 000 Personen angehörten.

Ursprung und Ausbreitung der Freimaurerei

Ein Aspekt, der die Freimaurerei für die Trägerschicht der Aufklärung so attraktiv machte, war sicherlich ihr Beitrag zur Nivellierung der tradierten und von der Aufklärung kritisch diskutierten Ständeordnung. Zumindest dem Prinzip nach standen sich in den vom wirklichen Leben und seinen gesellschaftlichen Schranken abgeschirmten Freimaurerlogen die Mitglieder als Gleiche, als Brüder, gegenüber. Daß die Logen gleichwohl hierarchisch strukturiert waren, wurde nicht als Widerspruch empfunden, da es sich ja um eine selbstgegebene Ordnung handelte, der sich jeder freiwillig unterwarf und in der sich ein jeder durch freiwillige Sozialisationsleistungen von Grad zu Grad nach oben arbeiten konnte. Dazu kam, daß die interne Ordnung und Selbstverwaltung der Freimaurerlogen ein Partizipationspotential barg, das in der realen Gesellschaftsordnung nicht vorhanden war.

Berührungspunkte zwischen Freimaurerei und Aufklärung

Ungeachtet dieser Affinitäten zur Aufklärung war die Freimaurerei ein ambivalentes Phänomen. Dem Pathos von der allgemeinen Brüderlichkeit zum Trotze durften nämlich längst nicht alle am freimaurerischen Werk der Selbstveredelung und Wohltätigkeit teilhaben. Vielmehr wurde das Sozialprofil der Logen im wesentlichen von jenen geprägt, die auch die Gesellschaft der Aufklärer formierten: durch die neubürgerliche Schicht der Beamten, Gelehrten, Schriftsteller und Künstler, Militärs und Unternehmer, und hier wiederum durch die veränderungs- und aufstiegsorientierte Generation der 28- bis 35jährigen. In welche Regionen der sozialen Topographie die Kompaßnadel der Freimaurerei ausgerichtet war, zeigte die bevorzugte Behandlung der beitrittswilligen Nobilitierten, aber auch prominenter Literaten und Künstler, denen die Stufenleiter der logeninternen Hierarchie häufig er-

Restriktive Aufnahmepolitik der Freimaurerlogen

spart blieb und die gleich in die höheren Ränge einrückten. Von Ausnahmen abgesehen – prominentestes Beispiel war der junge Friedrich II. von Preußen – beteiligten sich allerdings die Chefs der großen
Dynastien des Reiches nicht an der Logenarbeit. Typischer waren nach-
geborene Prinzen und die Vertreter kleiner Dynastien, die sich in einer
den Bürgerlichen durchaus vergleichbaren Situation politischer Ein-
flußlosigkeit befanden; ein wenig maliziös wurde die Logenarbeit denn
auch als „Machtspiel der Machtlosen" apostrophiert [227: W. HARDT-
WIG, Genossenschaft, 332]. Das Komplement zu den genannten sozialen Präferenzen war es, daß – von Ausnahmen etwa im Rheinischen abgesehen – die Schicht des alten Bürgertums an der Freimaurerei kaum
beteiligt war. Erst recht spielten die sog. anspruchslosen Berufsgruppen
wie etwa die Bauern keine Rolle. Fragwürdig war auch die Haltung gegenüber Frauen, deren Mitgliedschaft in den männerbündisch geprägten Logen nicht vorgesehen war und die in die Belanglosigkeit sog. Ad-
optionslogen verwiesen wurden. Und einer weiteren emanzipatorischen Herausforderung zeigte sich die Freimaurerei nicht gewachsen.
Wohl wollte sie einen Gegenentwurf zur konfessionellen und religiösen
Intransigenz der altständischen Gesellschaft bieten, aber gegenüber Ju-
Freimaurerei den blieb man bis auf ganz wenige Ausnahmen zurückhaltend. Dies
und Religion stand in unverkennbarem Widerspruch zur Haltung der Freimaurerei
gegenüber Religion und Kirche. In Abwendung vom christlichen Offenbarungsglauben und seinen über die Kirchen vermittelten Dogmen
und Ritualen waren die Logenmitglieder lediglich zum konfessionsneutralen Glauben an ein höchstes Wesen angehalten. Zugleich bekannten sie sich zu einer humanitären Praxis, die den Idealen der Brüderlichkeit und tätigen Nächstenliebe in Form von Wohltätigkeitsaktio-
nen, kurzum: der Ausbreitung von Tugend und Glückseligkeit verpflichtet war. Damit war zum einen der Bogen geschlagen zum Eudämonismus der Aufklärung, zum anderen aber auch zur aufklärerischen
Vernunftreligion, die auf die praktische Moralität des einzelnen Wert
legte. Da mit diesem Programm die Amtskirchen spirituell wie institu-
tionell in Frage gestellt wurden, blieben Reaktionen zumindest der
katholischen Kirche nicht aus. Ausgehend von der Enzyklika „In emi-
nenti", die Papst Clemens XIII. 1738 veröffentlicht hatte, verurteilten
die Päpste des 18. Jahrhunderts die Freimaurerei wiederholt aufs
schärfste. Ein bezeichnendes Licht auf die Autorität der päpstlichen
Leitungsgewalt wirft es allerdings, daß sich diese Verbote bestenfalls
retardierend auswirkten. Die Freimaurerei breitete sich auch im katholischen Deutschland aus und hatte dort ausgerechnet in Wien als dem
Sitz des katholischen Kaiserhauses ihr wichtigstes Zentrum.

Die Ambivalenzen der Freimaurerei fanden schließlich ihre Fort- *Esoterische* setzung im Konflikt zwischen aufklärerischer Vernunftreligion und *Komponenten* Esoterik, der letztlich zu dem in der sog. Hochgradmaurerei kulminierenden Wildwuchs esoterisch-mystischer Filiationen führte, für den in Deutschland u. a. das vom Reichsfreiherrn Karl Gotthelf von Hund erarbeitete System der Strikten Observanz steht. Die Freimaurerei wurde damit letztlich für die seriöse Richtung der Aufklärung zunehmend inakzeptabel. Daran konnte auch der 1782 auf dem Wilhelmsbader Konvent unternommene Versuch einer Reform der Maurerei wenig ändern. Wenige Jahre später wurde sie in den Sog des wachsenden staatlichen Mißtrauens gegen nichtöffentliche Assoziationen gezogen. Symptomatisch hierfür ist das 1785 erlassene Freimaurerpatent Josephs II., das die österreichischen Logen mehr oder minder in einen Verband eingetragener Vereine mit staatlich registrierten Mitgliederlisten umzuwandeln beabsichtigte.

Dieses Mißtrauen gegen die Freimaurerei hing ursächlich zusam- *Unter dem Schutz* men mit dem Auffliegen des Geheimbunds der Illuminaten, der bevor- *des doppelten* zugt Freimaurerlogen als Tarnorganisationen unterwandert hatte. Die *Geheimnisses:* *die Illuminaten* dem angesprochenen doppelten Geheimnis unterliegende Illuminatenorganisation hatte – das wurde vom Gründer selbst als durchaus ungewöhnlich empfunden – ihre Wurzeln in dem nicht eben als Hochburg der Aufklärung geltenden Bayern, wo sie 1776 von dem Kirchenrechtler Adam Weishaupt an der Landesuniversität Ingolstadt gegründet wurde. Organisatorisch, was Provinzeneinteilung und Binnenstruktur betrifft, wies der Bund auffallende Analogien zu dem 1773 aufgehobenen und in aufgeklärt-antijesuitischen Kreisen Süddeutschlands nachgerade verhaßten Jesuitenorden auf. In programmatischer Hinsicht verbanden sich bei Weishaupt geschichtstheoretischer Evolutionismus mit politischem Aktionismus. Ausgehend vom Naturzustand, der aufgrund der Verknappung der natürlichen Ressourcen und der Entstehung des Eigentums von den Menschen aufgegeben worden sei, wurde dabei der monarchische Despotismus als Kulminationspunkt der Herrschaftsbildung ausgemacht – freilich als ein nur vorübergehender, denn „die Freiheit hat den Despotismus zur Welt gebracht, und der Despotismus führt wieder zur Freyheit" [A. WEISHAUPT, zit. nach 8: R. VAN DÜLMEN, Geheimbund, 172]. Diese gesetzmäßige Entwicklung sollte – und dies bezeichnet nun die aktionistische Komponente der illuminatischen Programmatik – von der moralischen Elite der Illuminaten als den Geburtshelfern einer neuen Weltordnung beschleunigt werden. Zu diesem Zweck sollten sie wichtige Ämter in Staatsverwaltung, Bildungsbereich und Publizistik erobern, um im gewaltfreien Marsch durch die Institutionen die Fürstenherrschaft sukzessive entbehrlich zu machen. In einem von fürstlichem Herrschaftsdruck befreiten Gemeinwesen sollten die Menschen dann selbstverantwortlich und frei zusammenleben. Vorab galt es freilich erst einmal an der sittlichen Vervollkommnung der Illuminaten zu arbeiten, wobei sektentypische Methoden der Menschenführung dem avisierten Freiheitszustand dialektisch entgegengesetzt waren. Daraus entwickelten sich letztlich auch jene internen Spannungen, die 1784 zum Austritt Adolf von Kniggtes führten, der dem Geheimbund seit Beginn der 80er Jahre aufgrund intensiver Mitgliederwerbung zu seiner größten Ausdehnung verholfen hatte. Professoren der Göttinger Universität gehörten ihm bald ebenso an wie eine ganze Reihe prominenter Literaten, unter ihnen der junge Goethe und der für die Verbreitung der literarischen Aufklärung so wichtige Verleger und Übersetzer Johann Joachim Bode. Großzügigen Schätzungen zufolge soll der Illuminatenbund zuletzt über 2000 Mitglieder gezählt haben, die sich – bevorzugt in Residenz- und Universitätsstädten – über ganz Deutschland, die habsburgischen Lande, die Schweiz, sogar Polen und Skandinavien verteilten. Letztlich war es aber gerade dieser hypertrophe Ausdehnungsprozeß, der in Verbindung mit internen Differenzen um 1784 zu Niedergang und Enttarnung des Geheimbundes führte. Bis zu seinem endgültigen Ende in den frühen 1790er Jahren entfaltete er nur noch außerhalb Bayerns vor allem auf Initiative Bodes geringfügige, von seinen Gegnern weit überschätzte Aktivitäten.

Geheimbünde und Zirkel der 1780er und 1790er Jahre

Ungeachtet der Illuminatenaffäre und der Krise der Freimaurerei, wäre es allerdings verfehlt, bereits vom Ende aller im geheimen agierenden Vereinigungen zu sprechen, wie das Beispiel der in programmatischer Nähe zum Illuminatenbund stehenden Deutschen Union des evangelischen Theologen Karl Friedrich Bahrdt lehrt. Und auch an der Schnittstelle zwischen Öffentlichkeit und Privatheit kam es in den 1780er Jahren noch zu wesentlichen Neugründungen. In erster Linie ist hier die 1783 ins Leben gerufene Berliner Mittwochsgesellschaft zu nennen, in der unter wesentlicher Beteiligung von Spitzenbeamten der preußischen Staatsverwaltung zentrale, im Spannungsfeld von Politik und Aufklärung angesiedelte Themen – Pressefreiheit, Verfassungsfragen etc. – erörtert wurden. Daß die Mittwochsgesellschaft sozusagen im Nebenzimmer tagte, während nach dem Tod Friedrichs II. im Kabinett Friedrich Wilhelms II. seit 1786 die im gegenaufklärerischen Geheimbund der Rosenkreuzer organisierte Fraktion um Wöllner und Bischoffwerder den Ton angab, scheint freilich nicht unsymptomatisch für die Geschichte der aufklärerischen Sozialität, für die der Ausbruch der Französischen Revolution dann in jeder Hinsicht zum Wen-

depunkt wurde. Auf der einen Seite bedurften nun selbst radikale poli- Deutscher
tische Forderungen teilweise und vorübergehend nicht mehr des Schut- Jakobinismus
zes des Geheimnisses, wie durch den im französisch besetzten Mainz
aktiven und von Georg Forster dominierten Jakobinerklub, die „Gemeinschaft der Freunde der Gleichheit und Freiheit", sowie durch Publikationen deutscher Jakobiner wie Johann Benjamin Erhard oder
Heinrich Würzer dokumentiert wird. Andererseits brachten der Ausbruch und die Radikalisierung der Revolution die überkommenen Formen aufklärerischer Sozialität als Orte politischen „Räsonnements"
bei den Obrigkeiten in Mißkredit. Vor dem Hintergrund des Zusam-
menbruchs der alten Ordnung schürten die vielfältigen personellen und
organisatorischen Verflechtungen zwischen den verschiedenen Geselligkeitsformen bei manchen Zeitgenossen ein zunehmendes Unbehagen darüber, daß „unsere moralische und politische Welt ... miniret" sei
mit „unterirdischen Gängen, Kellern und Cloaken" [J.W. v. GOETHE,
zit. nach 260: W. D. WILSON, 64] – ein Unbehagen, das dann in die
Komplott-Theorie gegenaufklärerischer Gruppierungen einmündete.

3. Diffusion

So zutreffend es ist, die Streuung aufklärerischen Gedankenguts mit Mündliche Vermitt-
dem Wandel der Medienlandschaft und der Lesekultur des 18. Jahrhun- lung der Aufklärung
derts in Verbindung zu bringen, so gilt zugleich, daß die Aufklärung
wesentlich auch eine Kultur der Mündlichkeit war. Die Bedeutung der Autoritative
Universitätsvorlesung, für die sich seit Thomasius allmählich das Deut- Monologe
sche als Vortragssprache durchsetzte, bei der Verbreitung des Natur-
rechtsdenkens, bei der Heranbildung einer im Kameralismus geschul-
ten Verwaltungselite oder einer für die Veränderungen in der Theologie
zumindest sensibilisierten Geistlichkeit steht außer Frage. Daneben
waren es häufig Akademievorträge, die zur Diffusion und Akzeptanz
einer neuen Wissenschaftspraxis oder aufgeklärten Gedankenguts bei-
trugen. Die für die Entwicklung der experimentellen Physiologie bahn-
brechenden Göttinger Vorträge Albrecht von Hallers aus dem Jahr 1752
sind hier ebenso zu nennen wie Johann Adam von Ickstatts Münchener
Akademiereden zur Reform des Bildungswesens. Die Bedeutung der
Rede in der Epoche der Aufklärung wird nicht zuletzt durch das Interesse an der rhetorischen Schulung jener Berufsgruppen deutlich, denen
die Verbreitung aufgeklärter, nützlicher Kenntnisse zugewiesen war.
Angesprochen ist damit einerseits der „mündliche Vortrag des Schul-

manns", über den sich etwa der preußische Schulreformer Friedrich Gedike 1786 seine Gedanken machte, andererseits die „geistliche Wohlredenheit" der Seelsorger, für die eine reichhaltige homiletische Literatur Anweisungen für die Ausgestaltung einer erbaulichen und belehrenden Predigt entwickelte.

Gesprächskultur der Aufklärung

Für das Selbstverständnis der Aufklärung wichtiger als diese Formen des autoritativen Monologs waren freilich die dialogischen und kolloquialen Formen von Gedankenverfertigung und -austausch. Das Gespräch als das dynamische Wechselspiel von Frage, Antwort und Widerspruch, durch das Vorurteile aufgeweicht, Anregungen vermittelt sowie Meinungen und Mitteilungen multipliziert wurden, war – in Christian Garves Aufsatz „Über Gesellschaft und Einsamkeit" (1797) wurde das auf den Punkt gebracht – das Ferment der Aufklärung. Orte dieses Diskurses waren zunächst einmal die geschilderten Formen der Geselligkeit. Die dort übliche, zwischen Causerie und Räsonnement changierende Konversation fand ihre Fortsetzung im wissenschaftlichen Fachgespräch, wie es in den Wissenschaftsakademien und gelehrten Sozietäten gepflegt wurde. Der Stellenwert, den diese Gesprächskultur im Bewußtsein der Zeitgenossen einnahm, wird an der geschlossenen Teilnahme der Trägerschicht der Aufklärung deutlich. Kein prominenter Aufklärer entzog sich ihr. Auch ein Kant führte „kein uhrengleiches, ödes Dasein" [238: R. MALTER, 7], sondern partizipierte lebhaft an der Königsberger Geselligkeit. Wer sich, wie Lessings „Junger Gelehrter", von der Kommunikationsgemeinschaft fernhielt, durfte des Spotts der Aufklärer gewiß sein. Wie wichtig der Epoche die Gesprächsform war, ist auch daran ablesbar, daß sie ihre

Fiktive Dialoge

fiktionale Fortsetzung fand. Die literarisierte Form des Gesprächs war zwar nichts grundsätzlich Neues, und gerade von den großen Neuerern des naturwissenschaftlichen Weltbilds – man denke an Giordano Brunos kosmologischen Dialog „La cena de le ceneri" (1584) oder an Galileis „Dialogo" (1632) über das ptolemäische und kopernikanische System – war sie wirkungsvoll genutzt worden. Auffallend ist es aber allemal, wie viele Publikationen des 18. Jahrhunderts allein schon durch die Titelwahl zu erkennen gaben, daß ein Wortgefecht über physikalische, medizinische, ästhetische oder religiös-moralische Probleme stattfand. Besonderer Beliebtheit erfreuten sich nicht zuletzt die in der Tradition von Lukians Totengesprächen bzw. Fontenelles „Dialogues des morts" (1683) stehenden „Gespräche in dem Reiche derer Toten", wo sich berühmte Persönlichkeiten vergangener Epochen mit kritischem Gegenwartsbezug über historische und politische Probleme unterhielten.

Surrogat der unmittelbaren Begegnung und des lebendigen Dia- Briefkultur
logs war das Briefgespräch. Eine seiner Varianten war der von wechselseitiger Sympathie getragene Gedankenaustausch, wie er paradigma-
tisch in der langjährigen Korrespondenz zwischen dem Literaten Heinrich Christian Boie und seiner späteren Frau Luise Mejer vorliegt. Sofern ein solcher zum empfindsamen Gespräch gleichgestimmter Seelen
mutierte, war für die Aufklärer freilich rasch die Grenze zur affektier-
ten Schwärmerei überschritten, für deren – aus Sicht strenger Zeitgenossen – fiebrige Auswüchse mit Goethes „Leiden des jungen Werther"
bezeichnenderweise ein Briefroman stand. Mit anderen Worten: das
etwa in der Korrespondenz zwischen Friedrich II. und Voltaire verkörperte Briefideal der Aufklärer war eher der aphoristisch zugespitzte
Dialog über Gott und die Welt als Ausweis wacher Intellektualität.
Gleichzeitig war, solange sich das wissenschaftliche Zeitschriftenwe-
sen noch in seiner Etablierungsphase befand, der Brief substantieller
Bestandteil des „commercium litterarum". Briefwechsel waren unent-
behrlich für die Mitteilung von wissenschaftlichen Innovationen, Neu-
erscheinungen auf dem Büchermarkt, Quellenfunden in Bibliotheken
und Archiven. Die in 89 Bänden überlieferte Korrespondenz des Berliner Aufklärers und Buchhändlers Friedrich Nicolai legt hierfür ebenso
beredtes Zeugnis ab wie das umfangreiche, teilweise bereits im 18.
Jahrhundert im Druck erschienene Briefkorpus Johann Joachim
Winckelmanns, und gerade auch das „korrespondierende Mitglied" war
ein nicht wegzudenkendes Element in der von Akademien und Sozietäten geprägten Wissenschaftskultur des 18. Jahrhunderts.

Der Neugierde und dem Informationsbedürfnis der Epoche ent- Reiseberichte
sprachen schließlich die im 18. Jahrhundert in ungewöhnlich großer
Zahl auf den Markt geworfenen Reiseberichte. Ähnlich wie bei der
Briefliteratur gilt auch hier, daß das Epochenprofil zwar auch von der
subjektive Eindrücke und Gefühle vermittelnden empfindsamen Reise
im Stile Laurence Sternes mitgeprägt wurde. Das eigentliche Metier
des reisenden Aufklärers war indes der fakten- und detailgesättigte
Rapport, der Begegnungen mit mehr oder minder berühmten Zeitgenossen sowie die jeweils vorgefundenen politischen und sozialen Verhältnisse öffentlich machte. Ungeachtet des dabei suggerierten kühlen
Beobachterstatus war der Reisebericht des Aufklärungszeitalters nicht
nur objektive Faktensammlung. Keineswegs frei von klischeehaften
Vorstellungen, weitete er sich im letzten Viertel des 18. Jahrhunderts
immer mehr zur gestrengen Rezension unaufgeklärter Verhältnisse –
zumal dann, wenn die Route wie in Ludwig Wekhrlins „Reise durch
Ober-Deutschland" (1778) oder Friedrich Nicolais „Reise durch

Deutschland und die Schweiz" (12 Bde., 1783–96) in die katholischen

Reichsteile führte. Ein kritischer Impetus stand schließlich auch hinter jenen im Anschluß an Montesquieus „Lettres persanes" florierenden Fiktionen, in denen die europäischen Verhältnisse mit dem distanzierten oder auch ironischen Blick imaginierter Reisender aus nichteuropäischen Kulturkreisen satirisch aufgespießt wurden. Friedrich Wilhelm v. Meyerns „Abdul Erzerums neue persische Briefe" (1787) oder Johann Pezzls „Marokkanische Briefe" (1784) stehen für dieses auch in der deutschen Aufklärung beliebte Genre.

Verdichtung und Aktualisierung des Informationsangebots bei der Erschließung naher und ferner Weltgegenden einerseits, Quantifizierung des Kreises der Rezipienten andererseits waren die wesentlichen Merkmale des in der Aufklärungsepoche enorm expandierenden Zeitungswesens: den um 1700 erscheinenden annähernd 60 deutschen Zeitungen standen zur Zeit des Siebenjährigen Krieges über 100 Blätter gegenüber, deren Zahl sich bis zum Ausgang des Jahrhunderts auf etwa 200 erhöhte und deren Gesamtauflage auf 250000 bis 300000 Exem-

plare geschätzt wird. Neben den kleinen Zeitungen, die zwischen 350 und 600 Exemplare vertrieben, gab es auch einige mit einer Auflagenhöhe bis zu 10000 Stück und mehr; so setzte 1768 die „Erlanger Realzeitung" 18000 Exemplare ab, der „Hamburgische unpartheyische Correspondent" am Ende des 18. Jahrhunderts gar 30000 Exemplare. Deutschland war – auch dies eine Folge der konfessionellen und territorialen Konkurrenzsituation im Reich – somit „zum zeitungsreichsten

Land der Erde geworden" [213: H. BÖNING, Zeitung, 94]. Zugleich avancierte die Zeitung „zum beliebtesten weltlichen Lesestoff" [259: M. WELKE, 141], der aufgrund von Mehrfach- und Gemeinschaftslektüre sowie der Praxis des Vorlesens im Regelfall mehrmals in der Woche drei bis vier Millionen Menschen aller sozialen Schichten erreichte. Für die seitens der Obrigkeit ungern gesehene sog. politische Kannengießerei war dies der ideale Nährboden.

Ergänzt wurde diese Informationsoffensive durch die seit den 1720er Jahren auftauchenden Intelligenzblätter, die im Lauf des 18. Jahrhunderts in mindestens 220 Städten nachweisbar sind und deren Auflage im Regelfall zwischen 500 und 1000, im Ausnahmefall bei 5000 Exemplaren lag. Die Intelligenzblätter verbreiteten obrigkeitliche Verlautbarungen und waren so auch Ausdruck der administrativen Durchdringung der Gesellschaft durch den modernen Verwaltungsstaat, daneben enthielten sie Inserate, Stellen- und Warenangebote, Todesanzeigen etc. Die Funktion des Amts- und Anzeigenblatts hinter sich lassend, profilierten sie sich in der zweiten Jahrhunderthälfte zunehmend durch einen eigenständigen redaktionellen Teil, der im Dienste der Vermittlung nützlicher Kenntnisse sowie der moralischen Erbauung und Erziehung zur Tugend stand. In letzterer Hinsicht traten sie damit in gewisser Weise das Erbe der Moralischen Wochenschriften an, deren Blütezeit u. a. durch den Hamburger „Patriot" (1724–26), Gottscheds „Vernünftige Tadlerinnen" (1725/26) und den „Biedermann" (1727–29) markiert worden war. Angelehnt an englische Vorbilder, hatten sie sich vor allem an das gehobene Bürgertum bzw. – schichtenunspezifischer ausgedrückt – an all jene gerichtet, die sich dem Paradigma der Bürgerlichkeit zuordnen ließen, die unermüdlich darüber belehrt wurden, daß die Tugend erstrebenswert und die Laster abscheulich seien. Diese permanente Didaxe mag den heutigen Leser befremden. Doch gilt es zur Kenntnis zu nehmen, daß das aus den Beiträgen der Moralischen Wochenschriften sprechende Vertrauen in die Erziehbarkeit des Menschen und der Appell an seine Vernünftigkeit Ausdruck einer zunehmend auf theologische Begründungen verzichtenden innerweltlichen Morallehre waren. Die damit verbundene Einübung in den bürgerlichen Tugendkanon wurde sukzessive ergänzt durch eine breite Palette von Blättern belehrenden, informierenden und unterhaltenden Charakters, hinter denen natürlich auch – wie im Falle der frühen Frauen- und Kinderzeitschriften – zielgruppenorientiertes verlegerisches Kalkül stand. Nicht zu vergessen ist schließlich der gelehrte Zeitschriftenmarkt, der sich im Reich seit dem Erscheinen der „Miscellanea Curiosa" (1670) der Akademie der Naturforscher (Leopoldina) und der Leipziger „Acta Eruditorum" (1682) allmählich entwickelte. Nimmt man alle diese Varianten zusammen, so wurde in Deutschland für das 18. Jahrhundert die gewaltige Zahl von ca. 4000 Zeitschriftprojekten ermittelt, wobei Kenner der Meinung sind, daß sich diese Zahl durch gründliche Recherche verdoppeln ließe. Bei den meisten dieser Zeitschriften handelte es sich freilich um kurzlebige und in ihrer Reichweite begrenzte Projekte. Wenn von Friedrich Nicolais Rezensionszeitschrift, der „Allgemeinen Deutschen Bibliothek", zwischen 1765 und 1806 264 Bände herauskamen, oder wenn Wielands „Teutscher Merkur" seit 1773 beinahe vier Jahrzehnte auf die literarische Geschmacksbildung Einfluß nahm, so war diese Kontinuität die Ausnahme.

Die angedeutete Expansion der gedruckten Medien fand ihre nahtlose Fortsetzung in der Buchproduktion, die im 18. Jahrhundert kontinuierlich zugenommen hatte, bis 1765 wieder der Produktionsstand des Jahres 1600 erreicht und die drastischen Folgen des 30jährigen Krieges für das Buchwesen ausgeglichen waren. Etwa ab diesem Zeitpunkt setzte eine explosionsartige Zunahme der Druckerzeugnisse

Moralische Wochenschriften

Frauen- und Kinderzeitschriften

Wissenschaftliche Periodika

Expansive Buchproduktion

ein. Von der für das ganze 18. Jahrhundert auf ca. 175 000 Titel ge-
schätzten Gesamtproduktion deutschsprachiger Schriften erschien das
Gros – etwa zwei Drittel – seit den 1760er Jahren. Nun erst begann die
Epoche der Büchersucht und der Lesewut, die bemerkenswerte Ver-

Schwerpunkte der Buchproduktion

schiebungen innerhalb der Spartenproduktion mit sich brachte. Wie
sich vor allem an den Katalogen der Leipziger Buchmesse ablesen läßt,
war davon vor allem die Theologie betroffen. Ihr prozentualer Anteil
am Gesamtvolumen ging deutlich zurück: von 38,5% im Jahr 1740
über 24,8% (1770) auf 13,5% (1800). Im Gegenzug konnte die schöne
Literatur ihren 1740 bei 6% liegenden Anteil permanent erhöhen, um
schließlich 1800 mit 21,45% für sich den ersten Rang zu reklamieren –
vor allem aufgrund der Beliebtheit der Romanliteratur. Erhebliche Zu-
gewinne konnte daneben auch das popularphilosophische und natur-

Verabschiedung der Gelehrtensprache Latein

kundliche Schrifttum verzeichnen. Begleitet wurde dieser Umschich-
tungsprozeß von einer sprachlichen Trendwende. In den Katalogen der
Leipziger Ostermesse 1740 betrug der Anteil der lateinisch geschriebe-
nen Bücher noch 27,68%, um dann bis 1800 auf 3,97% zu sinken. Der
Siegeszug der deutschen Sprache war zwar wesentlich auf die Zunahme der populären Lesestoffe zurückzuführen, allerdings war sie
schon längst in die traditionellen Domänen der alten Gelehrtensprache
Latein eingebrochen. Daß Christian Wolff seine „Vernünftigen Gedanken" in deutscher Sprache veröffentlichte oder daß die protestantischen
Neologen deutsch publizierten, war wichtige Voraussetzung für eine
über die engeren akademischen Zirkel hinausweisende Wirkung.

Die Quantifizierung des gedruckten Wortes und die damit verbundene Vermehrung des Wissens standen in einem wechselseitigen Ver-

Lexikographische Wissensverarbeitung

hältnis zu neuen Formen der Rezeption und Distribution. Was die Rezeption betrifft, so förderte der Wissenszuwachs zwangsläufig neue
Formen der Verarbeitung. Mit anderen Worten: Im 18. Jahrhundert
schlug endgültig die Stunde des Lexikons und Fachwörterbuchs, das
beanspruchte, das Universal- oder Spartenwissen alphabetisch geord-
net darzubieten. Zwar war diese Form der Präsentation in der deutschen
Gelehrtenwelt nicht unumstritten, da hierdurch eine Atomisierung des
Wissens befürchtet wurde. Die Lexikographen waren dadurch freilich
nicht zu beirren. Die 68 Bände des von Johann Heinrich Zedler verleg-
ten „Großen vollständigen Universal-Lexicons" (1732–1754) sind
hierfür der bekannteste Beleg. Daneben gibt es eine Vielzahl von Spar-
tenlexika wie Johann Georg Walchs „Philosophisches Lexicon" (1726)
oder die „Oeconomisch-technologische Encyklopädie" von Johann

Verdichtung der Vertriebsnetze

Georg Krünitz (242 Bde., 1773–1858). Hinsichtlich der Distribution
von Wort und Schrift wirkte sich für Brief- und Reiseverkehr sowie

Zeitungsvertrieb die Verdichtung der Kommunikationskanäle günstig aus. Gemeint ist damit der Ausbau des Postnetzes, wobei neben der dem Hause Taxis übertragenen Reichspost seit der zweiten Hälfte des 17. Jahrhunderts zunächst in Brandenburg und Sachsen auch die Landespostanstalten eine zunehmende Rolle spielten. Des weiteren wurde die auf die Beförderung von Briefen und Päckchen beschränkte Reitpost durch die auch Personen befördernde Fahrpost ergänzt oder ersetzt. Diese Institutionalisierung des Reiseverkehrs war an der Wende vom 17. zum 18. Jahrhundert bereits weit fortgeschritten und wurde in der Folge durch ein immer engmaschigeres Netz der Postwagenkurse, technische Neuerungen bei den Kutschen und verbesserte Straßen stetig vorangetrieben. Mit anderen Worten: für die Aufklärer des 18. Jahrhunderts war es zwar nicht immer bequem, aber doch relativ einfach, in brieflichen oder persönlichen Kontakt zu treten oder die aktuelle Zeitungsausgabe zu erhalten.

Im Bereich der Buchdistribution erfolgte der eigentliche Modernisierungsschub erst seit den 1760er Jahren. Vorangetrieben wurde er von den Leipziger Verlegern, die die bisherige Praxis aufgaben, wonach sich ein Verleger aus eigenen und fremden Verlagsprodukten sein Sortiment im Tauschverfahren zusammenstellte. Sie gingen statt dessen dazu über, ihre Bücher zum Nettopreis an die Buchhändler zu verkaufen. Diese Strategie war vor dem Hintergrund, daß die Leipziger Verleger/Sortimenter über das für das aufgeklärte Publikum attraktivere Buchangebot verfügten und somit auf den Eintausch von Büchern verzichten konnten, zwar verständlich. Für die bislang auf den Tauschhandel angewiesenen und nun zum Nettokauf gezwungenen süddeutschen Kollegen war das neue Verfahren allerdings denkbar unrentabel. Dies erklärt die Flut unerlaubter Nachdrucke der für die aufklärungsorientierten Zirkel wichtigen Literatur im süddeutschen Raum, gegen die landesherrliche oder kaiserliche Druckprivilegien nur unwirksamen Schutz gewährten – zumal dann, wenn sich ein rühriger Raubdrucker wie der Wiener Verleger Johann Thomas von Trattner der Protektion Josephs II. erfreute und sich damit rechtfertigte, er würde so zur Verbreitung der Aufklärung beitragen; bei aller Fragwürdigkeit seines Geschäftsgebarens hatte er damit nicht einmal unrecht.

Die im Übergang zum Nettohandel erkennbar werdende Marktorientierung des Buchhandels fand ihre Fortsetzung in einer publikumsfreundlichen Buchgestaltung. Nicht mehr die rohe Lage, sondern das gebundene Exemplar lag in den Buchhandlungen aus – aufgrund reproduktionstechnischer Verbesserungen vielfach mit Vignetten und Kupferstichen einladend und attraktiv gestaltet. Und nicht zuletzt än-

Modernisierung der Buchdistribution

Übergang zum Nettopreisbuchhandel

Raubdrucke

Leserfreundliche Buchgestaltung

derten sich die Buchformate. Daß bereits Thomasius und Wolff bei ihren popularphilosophischen Schriften teilweise vom schwerfälligen Pultformat der Bibliotheken und Studierstuben abgegangen waren und in handlichen Bänden publizierten, sollte für die Diffusion aufgeklärten Denkens nicht unterschätzt werden. Vollends dominierten bei den populären Lesestoffen zunehmend die Oktav- und Duodezformate. Das Buch wurde damit verfügbarer, konnte auf Reisen mitgenommen werden, lud zur Lektüre im Freien oder abends im Bett ein.

Alphabetisierung und Leseverhalten Diese Hinweise führen mitten hinein in die Frage nach dem Leseverhalten und nach der Zahl der Leser, die ja schließlich die entscheidende Voraussetzung für die Entstehung eines Wortproduzenten wie -distributeure gleichermaßen ernährenden literarischen Marktes waren. Mittelpunkt solchen Fragens ist seit langem der Grad der Lese- und Schreibfähigkeit, wobei die eingangs der 1970er Jahre mitgeteilten Zahlen [250: R. SCHENDA, 444 f.], wonach in Mitteleuropa um 1770 der Anteil der Lesekundigen an der Bevölkerung bei 15% gelegen habe, um dann bis 1800 auf ca. 25% zu steigen, ungeachtet hartnäckiger Wiederholung nicht an Zuverlässigkeit gewannen. Es darf keineswegs übersehen werden, daß es sich dabei um grob geschätzte Durchschnittswerte handelt, die nicht pauschal auf den Gesamtraum bezogen werden dürfen. Denn es gab beträchtliche, in Relation zur schulischen und wirtschaftlichen Infrastruktur stehende Unterschiede zwischen einzelnen Territorien, wobei – nimmt man die Signierfähigkeit als Maßstab – in Einzelfällen eine erheblich über den genannten Durchschnittswerten liegende Alphabetisierungsquote ermittelt wurde. Innerhalb auch hoch alphabetisierter Regionen muß schließlich nach dem Stadt-Land-Gefälle und nach geschlechtsspezifischen Unterschieden gefragt werden. Und schließlich gilt es zu beachten, daß der Grad der Alphabetisierung alleine noch recht wenig darüber aussagt, welchem Schwierigkeitsgrad sich der einzelne Leser bei der Lektüre stellte und inwiefern er sich gegenüber neuen Lesestoffen aufgeschlossen zeigte. Das Schlagwort von der Leserevolution des 18. Jahrhunderts und des Übergangs von der intensiven Wiederholungslektüre der immer gleichen Bücher zur extensiven Lektüre, in deren Rahmen sich der Leser permanent neuen und aktuellen Lesestoff besorgt und kaum einmal auf ein bereits gelesenes *Nebeneinander von intensiver und extensiver Lektüre* Buch zurückgreift, umschreibt dabei nur einen Epochentrend. Das Nebeneinander intensiver Lektüre, die ja auch sinnentleertes Ritual sein konnte, und extensiver Lektüre, die wiederum hastiges Verschlingen bedeuten konnte, darf keineswegs übersehen werden. Bei der Landbevölkerung beispielsweise spielte nach wie vor ein eng umgrenzter Kanon – Bibel, religiöse Erbauungsliteratur, Ratgeberschrifttum, Kalen-

der – die entscheidende Rolle, und von den sich rapide ausbreitenden
Medien war es wohl nur die Zeitung, die in größerem Umfang auch ein
ländliches Publikum erreichte. Doch auch für die Stadt dürfte weniger
der Gegensatz, vielmehr das Nebeneinander von Gebetbuch und Roman, von „religiös-intensiver und weltlich-extensiver Lektüre" [261:
R. WITTMANN, 183], typisch gewesen sein. Zu denken ist hier etwa an
das städtische Dienstpersonal, das sich besonders für die vielfach über
Leihbibliotheken distribuierte Unterhaltungs- und Romanliteratur aufgeschlossen zeigte. Wenn letztere gerade auch beim weiblichen Lese-
publikum einen hohen Stellenwert genoß, so rief das unverzüglich die
von der männlichen Perspektive geprägte Lesepädagogik auf den Plan,
die mit den sog. Frauenzimmerbibliotheken einen den Kriterien der
Nützlichkeit und der Tugendhaftigkeit verpflichteten Lektürekanon
vorzugeben versuchte; dessen schöngeistige Schwerpunkte signalisierten die Abkehr vom traditionellen religiös-erbaulichen Schrifttum, genauso aber wollten sie eine „Überbildung" der Frauen mit philosophischen Materien verhindern. Nimmt man dann noch dazu, daß sich ein
eigener Markt für die Kinder- und Jugendliteratur entwickelte, daß das
gebildete männliche Publikum sich zu Lektüre und Diskussion in den
Lesegesellschaften versammelte und daß es schließlich noch den gelehrten Buchmarkt im engeren Sinne gab, so wird hinlänglich deutlich, Heterogene
daß es sehr heterogene Publikumskreise gab, die vermutlich „nahezu Publikumskreise
kommunikationslos nebeneinander" existierten [257: W. v. UNGERN-
STERNBERG, 139].

Die aus zunehmender Alphabetisierung und der Veränderung der Zunahme der
Lesegewohnheiten resultierende erhöhte Nachfrage nach dem gedruck- Autoren
ten Wort blieb natürlich nicht ohne Rückwirkung auf den literarischen
Markt und seine Autoren. Dem Zurücktreten der auf Gelegenheitscar-
mina und Fürstenlob verpflichteten Hofdichter und dem graduellen Be-
deutungsverlust des gelehrten Dichters, wie er in der ersten Hälfte der
Aufklärungsepoche etwa von Gottsched, Gellert oder Albrecht von
Haller repräsentiert wurde, korrespondierte der Aufstieg eines Schrift-
stellertypus, der sich nicht in die Abhängigkeit eines Dienstverhältnis-
ses begab, sondern von seiner Feder lebte. Diese These vom Aufstieg Aufstieg des freien
des freien Schriftstellers bezeichnet zweifellos einen auch das Selbst- Schriftstellers?
verständnis vieler Literaturschaffenden widerspiegelnden Epochen-
trend. Ob er indes die soziale Realität des 18. Jahrhunderts ganz ein-
fängt, scheint fraglich, und zumindest ältere Schätzungen, die für
Deutschland von 2000 bis 3000 freien Autoren ausgingen, dürften
deutlich zu hoch angesetzt sein. Denn es gilt zu bedenken, daß mit den
Veränderungen im Bereich der Printmedien natürlich auch die Zahl der

Publizierenden und damit auch der Konkurrenzdruck wuchs. Von den
6300 Autoren aller Sparten, die Johann Georg Meusel in seinem „Lexikon der vom Jahr 1750 bis 1800 verstorbenen teutschen Schriftsteller"
(15 Bde., 1802–16) verzeichnete, übten jedenfalls die meisten einen
Brotberuf aus, wobei vor allem die beamtete Intelligenz – Geistliche,
Lehrer, Vertreter der Verwaltungsbürokratie –, aber auch Studenten
eine zunehmende Affinität zur publizistischen Nebentätigkeit entwik-
kelten. Und auch jene, die ohne ein Amt als freier Schriftsteller durch-
halten wollten, waren zumindest vorübergehend auf einträgliche
Pfründe oder mäzenatische Förderung angewiesen. Wenn bereits Autoren wie Wieland, Lessing oder Klopstock solche Kompromisse einge-
hen mußten, läßt sich absehen, wie es um die freien Autoren in
Deutschland bestellt war. Ästhetischen und intellektuellen Rigorismus
konnten sich jedenfalls nur die wenigsten leisten. Viel eher waren
marktorientierte Anpassung an den Publikumsgeschmack, der Zwang
zur Vielschreiberei oder ein Nebenerwerb als Übersetzer kennzeichnend für die in den letzten Jahrzehnten des 18. Jahrhunderts schreiben-
den freien Autoren. Gerade weil Elend und Selbst- bzw. Sendungsbe-
wußtsein der „Scribenten" oft sehr nahe beieinanderlagen, war das kritische Potential dieser veränderungs- und reformwilligen Schicht für
die Diffusion der Aufklärung in ihrer populären und – zugegeben: gelegentlich auch seichten – Form freilich von entscheidender Bedeutung.

Kritik am Lesen   Nicht zuletzt aufgrund kritischer Inhalte zeitigte die Publikations-
flut auch durchaus besorgte Reaktionen, die sich einer ungezügelten
Ausbreitung von Druckerzeugnissen und der wahllosen Lektüre entge-
genzustemmen versuchten. Neben dem medizinischen Argument, das
die physischen Nachteile allzu vielen Lesens wie Kopfschmerzen oder
Nachlassen der Sehkraft ins Spiel brachte, waren es auch moralische
Bedenken, die gegen die „Lesewut" vorgetragen wurden. Mit Befremden mußte nämlich mancher auf die moralische Besserung durch Lektüre setzende Aufklärer desillusioniert zur Kenntnis nehmen, daß die
Kommerzialisierung des literarischen Marktes und seine Orientierung
am Unterhaltungsbedürfnis neuer Leserschichten sich auf die Qualität
der literarischen Produktion negativ auswirkten bzw. daß die am klassischen Maß orientierte Literatur nur schwer abzusetzen war. Nicht zuletzt spielte das politische Argument, das Volk würde durch Vielleserei
zum unbotmäßigen Räsonnieren, zur Kritik an Thron und Altar verlei-
tet, eine gewichtige Rolle. Die damit angeschnittene Frage, wieviel
Kritik die religiöse Orthodoxie, wieviel Publizität der absolutistische
Obrigkeitsstaat vertrug, eröffnete ein Spannungsfeld zwischen Aufklärung und Staat, das sich zwar nicht immer so spektakulär entlud wie in

der vorübergehenden Ausweisung Christian Wolffs aus Halle (1723) oder der Inhaftierung Schubarts in Württemberg (1777). Allerdings waren staatliche Zensurmaßnahmen doch ein Faktum, an dem sich die Aufklärer stets rieben. Lessings spöttische Bemerkung, die „Berlinische Freiheit" zu denken und zu schreiben bestünde gerade einmal darin, religionskritische Sottisen zu verbreiten, ansonsten aber sei Preußen das „sklavischste Land von Europa", gehört ebenso hierher wie Friedrich Nicolais in den 1780er Jahren getroffene Feststellung, daß „in Absicht auf Pressfreiheit ... die Unterdrückung im ganzen noch sehr gross" sei [zit. nach 228: E. HELLMUTH, Aufklärung, 326]. Das erklärt, warum zahlreiche Schriften des 18. Jahrhunderts unter Pseudonym oder anonym veröffentlicht wurden oder gar als handschriftliche Klandestina weitergereicht wurden. Gleichzeitig muß aber auch gesehen werden, daß das Zensursystem mit dem für Deutschland typischen Nebeneinander von Reichsbehörden wie der kaiserlichen Bücherkommission in Frankfurt a.M. und den Zensurgremien der Einzelstaaten seine Lücken hatte – sei es, daß die Reichsbehörden zu ineffizient waren, daß eine Behörde wie das in den 1780er Jahren von Illuminaten unterwanderte bayerische Bücherzensurkollegium den ihr gestellten Auftrag konterkarierte oder daß ein Territorium wie Sachsen zwecks Förderung des Buchgewerbes eine relativ milde Zensurgesetzgebung verfolgte. Überhaupt bot gerade der deutsche Partikularismus eine wirkungsvolle Chance, die Zensur zu unterlaufen, denn was in dem einen Territorium verboten war, konnte mitunter in der unmittelbaren Nachbarschaft eingesehen oder gekauft werden; bekanntestes Beispiel hierfür war das seinerzeit dänische Altona als beliebtes Ausflugsziel der Hamburger Bürger. Zugleich aber kam in den letzten Jahrzehnten des 18. Jahrhunderts eine grundsätzliche Diskussion darüber in Gang, wie sich die Freiheit des Denkens und der Meinungsäußerung mit staatlichen Restriktionen und Sanktionen vertrug. Wenn Moses Mendelssohn den freien Meinungs- und Gedankenaustausch befürwortete oder wenn in den 1780er Jahren vereinzelte Stimmen Meinungs- und Pressefreiheit in den Rang eines naturrechtlich fundierten Menschenrechts rückten, so blieben das Minderheitenpositionen. Die offizielle Linie folgte eher der etwa von dem preußischen Rechtsreformer Svarez vertretenen Meinung, daß der „gemeine Haufen" der Leitung einer aufgeklärten Elite bedürfe – eine Auffassung, die zumal in den 1790er Jahren in den deutschen Territorien unter dem Eindruck der Französischen Revolution Hochkonjunktur hatte. Daneben aber setzte sich in der Verwaltungslehre der zweiten Jahrhunderthälfte – etwa bei Johann Heinrich Gottlob Justi oder Joseph von Sonnenfels – zunehmend die Auffassung durch,

Zensur und Staatsschutz

Ineffizienz des Zensurwesens

daß die Zensur präzisen gesetzlichen Regularien folgen müsse, damit
jeder Autor wisse, was er publizieren dürfe und in welchen Fällen er
Rechtsstaatlichkeit　mit dem Eingreifen der Justiz zu rechnen hatte. Der diesen Überlegun-
der Zensur　gen zum Willkürschutz implizite Übergang zu einer nur im Falle des
Gesetzesverstoßes greifenden Nachzensur war, nebenbei bemerkt, zwi-
schenzeitlich zur schieren verwaltungstechnischen Notwendigkeit geworden. Die präventive Vorzensur war aufgrund der quantitativen Veränderungen in der Medienlandschaft des 18. Jahrhunderts längst an ihre
Grenzen gestoßen.

4. Aktionsfelder der Aufklärung

4.1 Weltdeutung

Neues naturwissen-　Wenn quer durch Europa die Aufklärer des 18. Jahrhunderts Isaac
schaftliches Weltbild　Newton für die mit seiner Gravitationstheorie geleistete Erklärung der
Bewegung der Himmelskörper bewunderten, so bezeichnete dies den
Abschluß des langen Prozesses der Akzeptanz der kopernikanischen
Kosmologie. Die Heliozentrik und die ihr implizite stellare Qualität der
Erde sowie die Vorstellung eines infiniten Kosmos, schließlich die Auf-
fassung, daß die Schwerkraft als Eigenschaft auch der Himmelskörper
deren Lauf bestimmt – das alles war zwar für die von der aristotelischen
Physik geprägte christliche Vorstellung vom göttlichen Schöpfungs-
plan mit der Erde und dem Menschen als Mittelpunkt eine gewaltige
Herausforderung gewesen. Die religiösen Skrupel und theologischen
Kontroversen, die die Ablösung des alten Weltbildes begleitet hatten,
waren nun weithin anachronistisch geworden. Ein Prozeß, wie er im
ersten Drittel des 17. Jahrhunderts gegen Galilei wegen dessen Eintre-
tens für das heliozentrische System geführt worden war, scheint für das
18. Jahrhundert undenkbar. Statt dessen setzte die Popularisierung des
kopernikanischen Systems bzw. Newtons ein, wie sie in Deutschland
etwa durch Gottscheds „Erste Gründe der gesammten Weltweisheit"
Erforschung der　(1731) geleistet wurde. Die Begeisterung über die mathematische Prä-
Naturgesetze　zision, mit der sich mittels der Newtonschen Gravitationstheorie der
Mechanismus des Weltenlaufs analysieren ließ, schloß dabei zugleich
den Auftrag für die Zukunft ein: „Das Gefüge des Kosmos soll jetzt
nicht mehr lediglich angeschaut, es soll durchschaut werden" [57: E.
CASSIRER, 13]. Wesentliche Voraussetzung dieses Durchblicks war die
vorurteilslose Sichtung der Fakten. Sie hatte künftig am Anfang einer
wissenschaftlichen Untersuchung zu stehen, die dann in eine ordnende

Hypothese einmündete, die wiederum durch Beobachtung und Experiment abgestützt werden mußte. Nicht mehr die deduktive Unterordnung der Tatsachen unter ein vorgegebenes autoritatives System, sondern dieser induktive Prozeß der Theoriebildung war der Königsweg, der zur Erforschung der den Naturphänomenen zugrundeliegenden Prinzipien, der Naturgesetze, führen sollte. Weniger als konkrete Anleitung, vielmehr im Sinne eines visionären Programms war er u. a. gewiesen worden mit der „Instauratio magna", der großen Erneuerung der Wissenschaften von Francis Bacon. Bereits deren Titelkupfer – ein Schiff durchfährt die in Antike und Mittelalter die Grenze der bekannten Welt markierenden Säulen des Herkules – deutete die Zielsetzung an: Entgrenzung, Ausweitung des menschlichen Wissens. Zugleich verband sich damit der in der Baconschen Wissenschaftsutopie „Nova Atlantis" illustrativ auf den Punkt gebrachte Optimismus einer Koinzidenz von Naturbeherrschung und wissenschaftlichem Fortschritt mit kultureller Progression und der gemeinwohlorientierten Verbesserung der Lebensverhältnisse.

Dieser Fortschrittsoptimismus war es, der dem aufgeklärten Säkulum zur großen Inspiration für die Erforschung der Natur wurde. Es herrschte eine regelrechte Euphorie, wenn es darum ging, die Geheimnisse der Natur zu entschlüsseln. Davon profitierten keineswegs nur die Astronomie und Optik als die Paradedisziplinen eines Newton und Huygens, sondern die Gesamtheit der beobachtenden, messenden, wägenden und rechnenden Wissenschaftsdisziplinen – sei es, daß mit der Widerlegung der Phlogistontheorie der Verbrennungsprozeß durch Lavoisier neu fundiert wurde oder daß die Entwicklung der Differentialrechnung durch Leonhard Euler und Jacob Bernoulli vorangetrieben wurde. Aufruhend auf den Erfindungen von Fernrohr und Mikroskop zu Beginn des 17. Jahrhunderts, der Verbesserung der von Otto von Guericke entwickelten und von Robert Boyle verbesserten Luftpumpe und Vorformen von Barometer und Thermometer kam es gleichzeitig zu einer stetigen Verfeinerung der Beobachtungs- und Meßtechniken und damit auch der Instrumentenbaukunst, die hauptsächlich in Paris und London, aber auch im Reich mit den Werkstätten von Georg Friedrich Brander (Augsburg) und Jakob Leupold (Leipzig) wichtige Zentren hatte. Daß sich diese Neuerungen und Verbesserungen in einem Klima enormer Aufgeschlossenheit und gesellschaftlicher Akzeptanz gegenüber den Naturwissenschaften entfalteten, wird durch die Tatsache bestätigt, daß naturwissenschaftliche Themen in starkem Maße das Interesse der Gebildeten erweckten, die sich von popularisierenden Schaudemonstrationen zur Elektrizität oder Chemie oder am Ende des

Naturbeherrschung und Fortschrittsoptimismus

Jahrhunderts durch spektakuläre Ballonfahrten in den Bann schlagen ließen.

Staatliche Wissen-schaftsförderung und Akademiegründungen

Entscheidend für den Aufschwung der Naturwissenschaften war freilich auch, daß sich nun in einer Mischung aus Utilitäts- und Prestigedenken der Staat der Wissenschaftsförderung annahm, die sich so allmählich von den Zufälligkeiten individuellen Mäzenatentums emanzipierte und als wichtiger Bereich der Staatsverwaltung anerkannt wurde. Nachdem mit Motto („nullius in verba") und Programm – Erforschung der Natur zum Wohle der Menschheit – der 1662 in London gegründeten Royal Society, sodann mit der Pariser Académie des Sciences der Epochentrend seine institutionelle Verdichtung gefunden hatte, kam es im Gefolge der 1700 auf Initiative von Leibniz eingerichteten „Brandenburgischen Societät der Wissenschaften" im deutschen Reich seit der Jahrhundertmitte auf breiter Front zur staatlich geförderten oder zumindest protegierten Gründung von Akademien. Mit wachem Blick für den Praxistransfer ihrer Forschungsergebnisse verschrieben sie sich einerseits den empirischen Naturwissenschaften, förderten daneben aber vielfach auch in besonderem Maße die Geschichtswissenschaft.

Analyse der Mechanismen menschlichen Zusammenlebens

Es ist nun charakteristisch für die Epoche der Aufklärung, daß dieses Fragen und Suchen nach dem, was die Welt im Innersten zusammenhält, sich auch auf das Zusammenleben der Menschen im Staat erstreckte. Dieser wurde sozusagen in seine Korpuskularteile zerlegt, d. h., die bedeutenden Denker des 17. und 18. Jahrhunderts versuchten einen dem Zusammenschluß der Individuen vorausgehenden vorstaatlichen Zustand zu extrapolieren und den Mechanismus der Staatswerdung nachzuvollziehen. Über die Qualität und die Methoden der Überwindung dieses fingierten Naturzustandes herrschten durchaus unterschiedliche Vorstellungen. Die beiden Gegenpole waren dabei frühzeitig von Thomas Hobbes und John Locke markiert worden: im einen Fall die von der Rückschau auf die englischen Religions- und Bürgerkriege geprägte pessimistische Sichtweise des wölfischen, selbstzerstörerischen Kampfes aller gegen alle, dessen notgedrungene Überwindung durch die Unterwerfung unter die Zwangsgewalt des „Leviathan" erfolgt. Im anderen Fall die moderatere Variante eines Naturzustandes, in dem die als gleich und unabhängig gedachten Menschen einem apriorischen natürlichen Sittengesetz unterliegen und zu wechselseitiger Rücksichtnahme angehalten sind und wo ein jeder das Recht hat, sein Eigentum – sein Leben, seine Freiheit und seinen Besitz – gegen Schädigungen und Angriffe anderer zu schützen. Der Schutz dieses so definierten Eigentums wird um so dringlicher, je mehr sich ungeachtet der natürlichen Gleichheit der Individuen und ihres Rechtes auf Selbsterhaltung und Selbstentfaltung aufgrund verschiedener individueller Fähigkeiten unterschiedliche Besitzverhältnisse ergeben und die Eigentümer verstärkt den Übergriffen jener Verderbten ausgesetzt sind, die sich nicht an Billigkeit und Gerechtigkeit orientieren. Dies ist nun der Punkt, wo die ohnehin zur Sozialität veranlagten Individuen sich mittels eines Gesellschaftsvertrages zum „politischen Körper" formieren und einer Regierung legislative und exekutive Kompetenzen zum Zwecke des Schutzes von Leben, Freiheit und Gütern übertragen.

Stellt man konservative Deutungsmodelle an dieser Stelle einmal zurück [Vgl. II.4], so implizierte diese Fiktion vom Naturzustand in der für die künftige Wahrnehmung der Aufklärung entscheidenden liberalen Interpretationsvariante einige für das politische Denken zentrale Konsequenzen. Erstens konnte aus der Vertragstheorie eine Enttheologisierung bzw. Entsakralisierung von Herrschaftsbegründung und Herrscheramt abgeleitet werden. Im Lichte der Vertragslehre, wie sie in Deutschland u. a. erneut durch Christian Wolffs „Vernünftige Gedanken vom gesellschaftlichen Leben" (1721) popularisiert wurde, wurde das Gottesgnadentum insofern obsolet, als die willentliche Zustimmung der sich vergesellschaftenden Individuen zur Voraussetzung von Herrschaft gemacht wurde. Gedanklicher Kulminationspunkt war hier dann die von Rousseau entwickelte Vorstellung einer „volonté générale", in der der Einzelwille der Individuen kraft freier Zustimmung in gemeinwohlorientierter Absicht aufgeht, wo aber zugleich – eben weil die Gemeinschaft von der Zustimmung aller getragen wird – die Rechte des Individuums geschützt sind.

Zweitens beinhaltete die Vertragstheorie den Gedanken der Bilateralität. Gemeint ist damit einmal die Treue- und Gehorsamspflicht der ihrer Beherrschung Zustimmenden gegenüber der vertraglich anerkannten Herrschaft. Andererseits folgte daraus die Rückkopplung der herrscherlichen Aktivitäten an das Interesse der Zustimmenden, d. h. an das Wohl des Volkes. Nun kannte zwar auch die Theorie des klassischen Absolutismus durchaus die Bindung des Herrschers an ein göttliches Gesetz, und die patriarchalische Fürsorgepflicht für die Untertanen gehörte seit jeher zum Kernbestand der christlich geprägten Fürstenspiegelliteratur. Gleichwohl wurde die Herrschaftsausübung mit der Vertragstheorie insofern auf eine neue Grundlage gestellt, als deren Gemeinwohlorientierung nun nicht mehr ausschließlich Ausfluß fürstlicher Souveränität war, sondern als unmittelbare Konsequenz der Pflicht zur Vertragstreue interpretiert werden konnte. Zugleich wurden damit natürlich Überlegungen ausgelöst, wie die Einhaltung der vertraglichen Herrscherpflichten fürstlicher Willkür entzogen bzw. wie die

Naturzustand und Vertragstheorie

Bilateralität der Vertragstheorie

Fürsten kontrolliert werden könnten. Einerseits mündete das in die freiwillige Selbstkontrolle zumindest der aufgeklärteren unter den Fürsten des 18. Jahrhunderts ein, indem diese das Fürstenethos vom Staatsdiener formulierten und teilweise auch vorlebten. Andererseits wurden dadurch – aufbauend zunächst wiederum auf Locke, dann auf Montesquieu – Überlegungen zur Etablierung und Verfeinerung des gewaltenteiligen Prinzips forciert, die im Reich dann im letzten Viertel des 18. Jahrhunderts in den Verfassungsplänen Großherzog Leopolds für die habsburgische Sekundogenitur Toskana oder auch in den Diskussionen innerhalb der Berliner Mittwochsgesellschaft Widerhall fanden. Daneben aber stand auch das Problem des Verhaltens gegenüber einem vertragsbrüchigen Despoten – also die Möglichkeit eines Widerrufs des Vertrags – im Raum. Da die Staatsform theoretisch vom Willen der vertragschließenden Individuen abhing, war die Vertragstheorie zumindest indirekt ein Appell an den politischen Möglichkeitssinn, nicht nur die monarchische Variante, sondern auch andere Regierungsformen auszuprobieren.

Natürliches Sittengesetz und Individualrechte   Als dritter Punkt ist hervorzuheben, daß – läßt man Hobbes einmal beiseite – der Naturzustand nicht als rechtsleerer und regelloser Raum gedacht wurde. Vielmehr galt die Prämisse von der Gültigkeit eines natürlichen Sittengesetzes, das sozusagen zur anthropologischen Grundausstattung des Menschen gehöre und das dem gesetzten und historisch gewordenen Recht staatlicher Gemeinschaften zeitlich vor- und moralisch übergeordnet sei. D.h., die natürlichen Rechte des Menschen – im Kern handelte es sich hier um das erwähnte Eigentum an Leben, Freiheit und Besitz – blieben vom Abschluß des Gesellschaftsvertrages unberührt. Hier liegt nun der Ansatz für die später ausgeformte Idee von Grundrechten, die zur natürlichen Ausstattung eines jeden Menschen zählten und die staatlicher Willkür entzogen seien. Gleichzeitig ist dieser Auffassung aber auch der Potentialis eines für den Schutz dieser Rechte bürgenden und eine naturrechtlich legitimierte Rechtsgleichheit herstellenden Staates zugeordnet. Dies implizierte wiederum, daß das im Naturzustand dem Individuum noch zugestandene Recht, Verletzungen seiner Eigentumsrechte selbst rückgängig zu machen und zu ahnden, in der Rechtstheorie des 18. Jahrhunderts zunehmend als Gefährdung des inneren Friedens und als kontraproduktiv für den Bestand der bürgerlichen Gesellschaft interpretiert wurde. Die Selbsthilfe- oder Zwangsrechte von Individuen oder Korporationen sollten vom Gewaltmonopol des Staates überwölbt werden. Realiter entsprach dieser Sicht die zeitgleich verlaufende Absorption patrimonialer und korporativer Rechte durch den sich formierenden bürokratischen Monopolstaat. In der juristischen Literatur korrelierte diesem Vorgang wiederum eine Verschiebung der Fächerzuordnung: Zwangsvollstreckungs-, Straf- und Prozeßrecht wechselten von der Sphäre des Privatrechts in jene des öffentlichen Rechts über. Um 1800 war dieser Prozeß weitgehend abgeschlossen.

Die Vorstellung eines Naturzustandes, der der durch Quellen dokumentierten und rekonstruierbaren „historia civilis" vorausgeht, implizierte grundsätzliche Aspekte des Umgangs der Aufklärung mit der Geschichte. Zunächst ist hier noch einmal auf den Voluntarismus der Vertragstheorie hinzuweisen. Die Tatsache, daß ein willentlicher Zusammenschluß der Individuen aus dem Naturzustand herausführte, besagt ja nichts anderes, als daß das Zusammenleben der Menschen etwas von ihnen selbst Organisiertes ist, daß es mithin kein göttlicher Plan ist, „der allem Einzelnen seine Stelle im Ganzen" [57: E. CASSIRER, 294] – und wie man präzisieren möchte: in der geburtsständischen Gesellschaft – zuweist. Diese Anthropozentrik, diese sozusagen soziologische Sicht auf das staatliche Zusammenleben, bestimmt den Umgang der Aufklärung mit der Tradition. Letztere zu modifizieren und veränderten Zeitverhältnissen anzupassen ist kein Sakrileg, sondern lediglich Korrektur einer in älteren Zeiten von Vorgängergenerationen eingeleiteten Entwicklung. Traditionen als historisch Gewachsenes und allein schon deshalb Bewahrenswertes zu begreifen, eine solche Auffassung lag der Aufklärung eher fern, statt dessen dominierte ein von der Dignität des Alters und der Macht der Tradition unbeeindruckter Reformgeist. Zumal unter dem Eindruck des Erlebnisses, wie die im Geist der Aufklärung ausgebildeten Reformer des ausgehenden 18. und beginnenden 19. Jahrhunderts den Traditionsballast des Alten Reiches abgeworfen hatten, mündete dies seit der Romantik in das Verdikt, die Aufklärung sei eine ahistorische Bewegung gewesen – ein Irrtum, der nur dann zustande kommen kann, wenn Traditions- mit Geschichtsfeindlichkeit verwechselt wird. Denn der Umgang der Aufklärung mit den Traditionen setzte die Erschließung der Geschichte als Entfaltungs- und Erfahrungsraum des Menschen voraus. Die Einsicht in die Historizität von Tradition und die damit einhergehende Loslösung der Geschichte von theologischen bzw. heilsgeschichtlichen Deutungsmustern war Voraussetzung dafür, daß Geschichte, und damit auch Gegenwart und Zukunft, als autonomes Operationsfeld der soziablen Gattung Mensch aufgefaßt werden konnten.

Für die Erschließung dieser von dem Hallenser Professor Christoph Cellarius (1638–1707) in die ältere, mittlere und neuere Epoche unterteilten Geschichte zeitigte die zuletzt skizzierte Sichtweise zu-

Naturzustand und „historia civilis"

Pragmatische Geschichtsschreibung

nächst einmal die Konsequenz, daß der Gang der Geschichte auf seine innerweltlichen Ursachen zurückgeführt und kausal erklärt werden mußte. Analog zur induktiven Methode der Naturwissenschaften galt es also, empirische Ursachenforschung zu betreiben, die „erzeugenden" Kräfte von Ereignissen zu eruieren, aufzuzeigen, daß „Begebenheiten, welche in der Welt vorgehen, wie die Glieder einer Kette" zusammenhängen (August Benedikt Michaelis), und die „Vorstellung des allgemeinen Zusammenhangs der Dinge in der Welt" zu geben (Johann Christoph Gatterer). Aussagen wie diese beinhalten in nuce das Programm einer im 18. Jahrhundert als pragmatisch apostrophierten Ge-

Göttinger Schule schichtsschreibung, für die in Deutschland u. a. die Göttinger Schule (Gatterer, Schlözer, Spittler) und der protestantische Kirchenhistoriker Johann Lorenz Mosheim stehen. Wenn es das Anliegen dieser pragmatischen Geschichtsschreiber war, die Fakten nicht nur zu registrieren, sondern Kausalitäten aufzuzeigen und zu erklären, so verlangte dies nach Berücksichtigung aller historischen Wirkkräfte. Die hier angelegte Einsicht in die Multikausalität historischer Prozesse setzte wiederum eine Ausweitung des Betrachtungshorizonts in Gang, die auf lange Sicht die Konzentration auf die Haupt- und Staatsaktionen und die bloße Ereignisgeschichte aufbrach und die Einbeziehung des gesamten Spektrums menschlicher Aktivitäten – Wirtschaft, Wissenschaft, Sitten und Gebräuche, Sprache etc. – nach sich zog.

Quelleneditionen: Das 18. Jahrhundert als „aevum diplomaticum"   Wenn sich Leibniz zwar einerseits eine Geschichte der Kleidung vorstellen konnte, andererseits aber nicht unerhebliche Energie für das Sammeln und Sichten der Quellen für die letztlich unvollendet gebliebene Auftragsarbeit einer Geschichte des Welfenhauses aufwandte, so ist damit angedeutet, daß sich zwischen dem Programm eines sozusagen kulturgeschichtlichen Zugangs zur Geschichte und der Realität historiographischen Arbeitens eine gewisse Diskrepanz auftat. Denn vieles mußte notgedrungen Programm oder Fragment bleiben, weil das dem historischen Empirismus innewohnende Postulat der Detailgenauigkeit und Faktentreue nicht einzuhalten war, solange die Basis – die Sammlung, Kritik und editorische Aufbereitung der Quellen – nicht gelegt war. Mit anderen Worten: eine Geschichtsschreibung, die aufgrund gesicherter Fakten „pragmatisch" erklären wollte, bedurfte der antiquarischen Kärrnerarbeit. Deren Aufgabe wiederum war es, in kritischer Analyse die echten von den falschen bzw. gefälschten Quellen zu unterscheiden und zu edieren, wie das in Frankreich der berühmteste Vertreter der benediktinischen Maurinerkongregation, Jean Mabillon, oder in Italien Ludovico Antonio Muratori vorexerzierten. Die Epoche der Aufklärung wurde somit auch zu dem die historischen Hilfswissen-

schaften fundierenden „aevum diplomaticum", dessen quellenkriti-
scher Antiquarianismus unabdingbares Komplement einer kausal-nar-
rativen Historiographie wurde. Eben diese Einsicht führte dazu, daß
diese Forschungsrichtung in die in ihrem Zeitkontext modernen Wis-
senschaftseinrichtungen, die Akademien, integriert wurde. Teilweise,
etwa in Mannheim und München, wurde dabei Bedeutendes für die
planmäßige Sammlung und Edition der Quellen geleistet.

Nun wäre die Aufklärung nicht sie selbst gewesen, wenn sie nicht
die Frage nach dem praktischen Nutzen der Historie für das Leben gestellt und auch beantwortet hätte. Hier ist zunächst einmal darauf zu
verweisen, daß das Ausgraben alter Urkunden und die Fundierung historischer Sachverhalte auf faktischen Grundlagen politisch instrumentalisiert werden konnten im Sinne der Sicherung von Rechts- und Be-
sitzansprüchen. In diesen Kontext gehört es auch, daß die rechtsge-
schichtliche Betrachtungsweise substantieller Bestandteil des *Jus publicum* war, wie es sich zunächst an den protestantischen Hochschulen
in Halle und Göttingen etabliert hatte. Ein zweiter Aspekt, unter dem
sich die Geschichte nutzen ließ, klang in der Generalinstruktion für die
Berliner Wissenschaftsakademie aus dem Jahr 1700 an: Vermehrung
des Ruhms und der Würde des Vaterlandes. Angesprochen ist damit der
dynastisch-territorialgeschichtliche Blickwinkel, wie er sich u.a. in der
Arbeit der Wissenschaftsakademien niederschlug und mit Preisfragen
etwa zu Problemen der Genealogie oder der historischen Geographie
forciert wurde. Geschichte diente freilich nicht nur als Arsenal für die
juristische und politisch-dynastische Legitimierung. Sie war auch ein
„Vorratshaus" der Erfahrungen, das es in eklektizistischer Manier aus-
zuschöpfen galt. In Anknüpfung an den alten „Historia magistra vitae"-
Topos sollte das Studium der Geschichte und beispielhafter Begebenheiten und Persönlichkeiten somit einerseits belehren und zu sittlichem,
tugendhaftem Handeln anspornen, andererseits auch Anleitungen für
zukunftsbezogenes Handeln geben. „Wenn man das Vergangene und
Gegenwärtige weiß", so wurde das 1775 in einem Vortrag vor der Münchener Akademie ausgedrückt, „so kann man mit größerer Entschlossenheit auf das Zukünftige schließen, weil sich die Menschen überall
und zu allen Zeiten ähnlich gewesen und ähnlich bleiben werden" [zit.
nach 286: A. KRAUS, Vernunft, 29].

Die Naivität solch planen Anwendungsdenkens steht außer Frage.
Allerdings verweist diese Aussage auf ein anderes zentrales Problem,
das beim Nachdenken über die Geschichte auftauchte. Die Frage nämlich nach den Grundkonstanten menschlichen Handelns, nach dem aus
der Fülle der historischen Begebenheiten herauszupräparierenden Kern

Marginal notes:

Instrumentalisie-
rung der Geschichte

Vom Nutzen der
Historie für das
Leben

Konstanten und
Variablen mensch-
lichen Verhaltens

des menschlichen Wesens. Komplementär zugeordnet war dem wiederum die Frage nach den Variablen, nach den durch äußere Einflüsse veränderbaren Eigenschaften des Menschen. Mit dem Sensualismus hielt auch hier in gewisser Weise die historische Methode ihren Einzug, indem der Auffassung von den eingeborenen Ideen die entwicklungspsychologische Auffassung von der Einwirkung äußerer Impressionen gegenübergestellt wurde, die durch die Sinne wahrgenommen und mittels eines seelischen Perzeptionsprozesses selektiert und gebündelt werden: Auch die Seele des modernen Individuums hat ihre Geschichte. Geschichte wiederum – dies wurde beim angesprochenen Umgang mit den Traditionen erkennbar – ist disponibel, und d. h.: ungeachtet aller anthropologischen Grundkonstanten ist der Mensch auch wandel- und erziehbar und damit für seine künftige Vervollkommnung

Perfektibilität des Menschengeschlechts

offen. Indem das „Menschengeschlecht" aber als perfektibel gedacht wird, wird zugleich der historische Prozeß als Fortschritt begriffen und mit Sinn unterlegt, der geeignet ist, den mit der Enttheologisierung der Geschichte einhergehenden Telos-Verlust zu kompensieren.

Relativierung theologischer Weltdeutung

Das Schlagwort der Enttheologisierung wurde nicht von ungefähr leitmotivisch in die kursorische Behandlung von naturwissenschaftlichem Weltbild, Vertragstheorie und Naturrecht sowie der historischen Methodik eingewoben. Damit sollte immer auch angedeutet werden, daß die veränderte Kosmologie, die neue Form der Begründung von Herrschaft und gesellschaftlichem Zusammenleben und nicht zuletzt auch die historische Herleitung der jeweiligen Gegenwart die traditionellen religiösen Weltinterpretationen und damit auch das Deutungsmonopol der Theologen in Frage stellten. Spezifiziert man nun diesen generalisierenden Befund im Hinblick auf die wichtigsten Konsequenzen für Religion und Theologie, so war eine zwangsläufige Reaktion auf die Mechanisierung und Mathematisierung des Kosmos zunächst einmal die Frage nach dem Wirken eines personalen Gottes als Lenker

Wandel der Gottesvorstellung

der Welt. Zwischen den Gegenpolen von traditionaler Gottesauffassung und Atheismus wurden hier – ausgehend vor allem von England – innerhalb der europäischen Aufklärungsbewegung vermittelnde Positionen entwickelt, die gerade in der durch die Naturwissenschaften entschlüsselten Ordnung des Kosmos die Weisheit und Allmacht des Schöpfers zu erkennen glaubten. So gesehen war es geradezu Auftrag des Menschen und eine Form des Gottesdienstes, die Geheimnisse der Natur zu erforschen. Nicht entschieden war damit freilich, ob man sich Gott weiterhin als real lenkende und eingreifende Instanz vorstellen dürfe, oder ob man im Gegensatz zu dieser theistischen Position mit dem Deismus von einem „Uhrmachergott" ausging, der mit der Schöpfung den Weltmechanismus determiniert und in Gang gesetzt habe, um sich fortan von dessen konkreter Lenkung zurückzuziehen.

Die dem Vernunftprinzip folgende empirische Ergründung der Natur blieb nun keineswegs die einzige Herausforderung für die Theologen. Eine wichtige Funktion bei der Erschütterung des traditionellen Offenbarungsglaubens und der herkömmlichen Bibelauslegung kam auch der historischen Methode zu, indem die Unvereinbarkeit der aus den Quellen abgeleiteten Ergebnisse mit der biblischen Chronologie deutlich wurde. Sofern man nicht generell dazu bereit war, den Glauben an die Offenbarung und die Glaubwürdigkeit der Bibel aufzugeben, konnte der Ausweg aus diesem Dilemma letztlich nur in der Preisgabe jener Auffassung bestehen, die die Bibel als einen in seiner Gesamtheit gleichmäßig inspirierten und deshalb auch in seiner Gesamtheit Wort für Wort vollgültigen Text erachtete. Wenn aber die Verbalinspiration als Basis der Auslegung der Heiligen Schrift aufgegeben wurde und deren literaler Wortbestand nicht mehr sakrosankt war, so mußte eine Methode gefunden werden, die aus der Bibel die Grundwahrheiten der christlichen Religion herauspräparierte. Von diesen mußten die orts- und zeitgebundenen Textelemente und spätere Textanschichtungen abgehoben werden, die in die Bibel aufgenommen worden waren, um in spezifischen historischen Kontexten die Kernaussagen zu vermitteln. Diese von Johann Salomo Semler, dem führenden Vertreter der protestantischen Bibelkritik, als „doppelte Lehrart" apostrophierte Akkommodationstheorie bedeutete also, daß die Zeit- und Bedeutungsschichten des nun nicht mehr als einheitliches Korpus aufgefaßten Bibeltextes freigelegt werden mußten. Das Buch der Bücher wurde gleich anderen Textsorten Gegenstand historisch-kritischer Analyse.

Historizität der biblischen Überlieferung

Diese Suche nach den Grundwahrheiten, dem ethischen Kern der Bibel, berührte sich aufs engste mit der Diskussion um die natürliche Religion, als deren Essenz die Verehrung Gottes als des Schöpfers und Lenkers der Welt und die Anerkennung der von Gott gestifteten natürlichen Sittengesetze anzusehen ist. Akzentuiert wurde damit eine allen Menschen eignende und sie verbindende Religion, die zwar im wesentlichen mit christlichen Ethik identisch war, freilich die konfessionskirchlichen Ausformungen des Christentums als Adiaphora interpretierte, die sich beim Verlassen des Naturzustandes und der Etablierung unterschiedlicher politischer Ordnungssysteme und Staaten ergaben. Die Kirchen werden damit in einen historischen Institutionalisierungsprozeß eingebunden und als Vergesellschaftsphänomen betrachtet. In aller Deutlichkeit zeigen dies Lessings Reflexionen über die Entstehung der geoffenbarten Religion. Beim Übergang zur bürgerlichen Ge-

Natürliche Religion

Relativierung der Konfessionskirchen

sellschaft sei eben auch „die Religion gemeinschaftlich zu machen" für gut erkannt worden, und man habe sich deshalb auf gewisse, die natürliche Religion der Individuen überwölbende Konventionen – gemeint ist damit die Liturgie des jeweiligen Kirchentums – einigen müssen. Die äußeren Phänomene des Kultus werden damit in den Rang von Sekundärphänomenen gerückt, die der primären Pflicht des Menschen zur aufrichtigen inneren Verehrung Gottes und der Einhaltung des Sittengesetzes lediglich nachfolgen. Mit dieser in Lessings „Nathan der Weise" auf den Punkt gebrachten Auffassung eines die menschliche Familie verbindenden, gemeinsamen religiösen Bandes wurde natürlich der Absolutheitsanspruch der Konfessionskirchen ganz erheblich relativiert. Vom Nachdenken über Naturzustand und natürliche Religion gingen deshalb kräftige Impulse für die theoretische Fundierung der religiösen Toleranz aus. In Deutschland finden wir bereits bei Samuel Pufendorf die allerdings noch primär auf die christlichen Konfessionen bezogene Forderung, daß die verschiedenen Formen des religiösen Kultus als äußere Form der Danksagung gegenüber Gott geduldet werden sollten. Angehörige verschiedener Kultusgemeinschaften sollten demnach in der bürgerlichen Gesellschaft friedlich koexistieren und in gleichem Maße von der staatlichen Verteilungsgerechtigkeit profitieren.

Impulse für religiöse Toleranz

Wenn im Kontext des modernen Rationalisierungsprozesses diese zuletzt skizzierte Sicht der Religion als Säkularisierung des religiösen Weltbildes oder als Entzauberung der Welt bezeichnet worden ist, so sind einige Ergänzungen angebracht. Einmal handelte es sich bei dieser Diskussion um ein von der Volksreligiosität noch weithin abgehobenes Phänomen, d.h., man muß sich noch einmal die schmalen Proportionen der intellektuellen Schicht der Aufklärer vergegenwärtigen. Zugleich ist auch der gemäßigte Charakter der in starkem Maße akademisch eingehegten deutschen Aufklärung zu betonen. Positionen, die zur Verabschiedung des theistischen Gottesbildes und des Offenbarungsglaubens bereit waren, wurden kaum offiziell vertreten. Der Vorwurf, deistische Ansichten zu verfechten, oder – noch schlimmer – als „Spinozist" bzw. Atheist zu gelten, war beruflich existenzgefährdend. So gesehen waren es einige wenige Außenseiter, denen Gott zwar Verstand, aber kein Amt an einer Universität oder im Staatsdienst gegeben hatte, wie etwa Johann Christian Edelmann, die offen den Deismus vertraten. Oder man hielt es wie der Hamburger Gymnasialprofessor für orientalische Sprachen, Hermann Samuel Reimarus, der über lange Jahre hinweg am Nachweis der Unvereinbarkeit von Vernunft und Offenbarungsglauben arbeitete – dies allerdings insgeheim tat, so daß sein Manuskript erst postum von Lessing publiziert

Säkularisierung des religiösen Weltbildes

werden konnte; eine heftige Kontroverse mit dem Hamburger Pastor Goeze folgte auf den Fuß.

Ferner gilt es, wenn von der „Entzauberung" der Welt durch den neuzeitlichen Rationalismus die Rede ist, zu berücksichtigen, daß die religiösen Richtungen zu dem Zeitpunkt, als die Aufklärung zur beherrschenden geistigen Strömung wurde, der Welt längst einiges von ihrem Zauber genommen hatten. Man denke an Frankreich, wo die Glaubenskriege des 16. Jahrhunderts zwar schon weit zurücklagen, wo aber mit dem Widerruf (1685) des Edikts von Nantes und der daraus resultierenden Auswanderung der Hugenotten der konfessionelle Zwiespalt noch einmal aktualisiert wurde; an die Niederlande, wo die protestantischen Generalstaaten die Herrschaft des katholischen Spanien abgeschüttelt hatten; an England, wo die Bürgerkriege der 1640er Jahre aufgrund der Liaison antiroyalistischer und puritanischer Kräfte sowie der konflikthaltigen Aufsplitterung des Puritanismus in vieler Hinsicht als Religionskrieg klassifiziert werden können; und man denke schließlich an Deutschland, das klassische Land der konfessionellen Spaltung und der Religionskonflikte, wo nach der Zerreißprobe eines fürchterlichen Krieges mit dem Westfälischen Frieden das, was als Heilsverlangen der Menschen begonnen hatte, in die Form eines juristischen Paragraphenwerks gebracht wurde. Kurzum: Nicht zuletzt der Absolutheitsanspruch des konfessionellen Fundamentalismus war es gewesen, der nach Pazifizierungs- und Rationalisierungsstrategien verlangt hatte – mithin also nach Denkformen der Aufklärung, und es kann kein Zufall sein, daß diese am frühesten und nachhaltigsten dort entwickelt wurden, wo die religiösen Konflikte in Bürgerkriegen oder bilateralen militärischen Auseinandersetzungen kulminiert waren. Diese Erfahrung der realen Welt, die sich mit den durch die neuen Wissenschaftsmethoden fundierten Veränderungen des Weltbildes verschränkte, beförderte zweifelsohne die Preisgabe einer für konfessionelle Inanspruchnahme anfälligen theologischen Metaebene für die Begründung von Staat und Gesellschaft. Fluchtpunkt wurde statt dessen jene philantropische Glückseligkeitsdoktrin, für die es in der deutschen Aufklärung seit Christian Wolff schlicht als „Beobachtung des Gesetzes der Natur" galt, den Menschen zu solchen Handlungen anzuleiten, durch die er sowohl seine eigene Vollkommenheit als auch die seiner Mitmenschen beförderte. Formuliert war damit das Programm einer für alle Menschen gültigen Ethik, die – befreit von den Einschnürungen der theologischen Orthodoxie – in unbefangenem Eklektizismus von der Philosophie der Alten und der Weisheit der Chinesen genauso profitieren wollte wie von der christlichen Lehre.

Rationalisierung und Pazifizierung religiöser Konflikte

Fundierung einer konfessionsneutralen Glückseligkeitslehre

Koinzidenz von
Aufklärung und reli-
giöser Reform

Diese Extrapolation einer von den konfessionskirchlichen Ausformungen abstrahierenden Ethik, die sich in der Praxis friedlichen
menschlichen Zusammenlebens zu bewähren hatte, konnte sich allerdings durchaus mit den Anliegen religiöser und theologischer Reform-
kreise treffen. Ungeachtet der Infragestellung der tradierten Religions-
und Kirchenpraxis durch die Aufklärung war also die Sache der Religion und der Theologie keineswegs verloren. So waren beispielsweise
gewisse Analogien zwischen dem aufklärerischen Programm einer praxisorientierten Ethik und den sich im 17. Jahrhundert formierenden religiösen Reformbewegungen unverkennbar. Auf protestantischer Seite
artikulierte sich – das läßt sich im englischen Puritanismus genauso beobachten wie im deutschen Pietismus – hierbei eine Art reformatori-
scher Nachholbedarf. Gespeist wurde er von der Unzufriedenheit jener,
die eine nur oberflächliche Umsetzung der ursprünglichen Zielsetzun-
gen der Reformation zu erkennen glaubten und nun, um es mit dem Un-
tertitel von Philipp Jakob Speners „Pia Desideria" (1675) auszudrük-
ken, ein „hertzliches Verlangen nach gottgefälliger Besserung der wah-

Pietistische Fröm-
migkeitspraxis

ren evangelischen Kirchen" verspürten. Einer als erstarrt und insuffi-
zient geltenden offiziellen Frömmigkeitspraxis, wie sie durch die Alli-
anz von amtskirchlicher Orthodoxie und landesherrlichem Staatskirchentum vorgegeben war, wurde das Programm einer vertieften, auf in-
tensivem Bibelstudium und individueller Gewissenserforschung beru-
henden Religiosität entgegengestellt. Solche innengeleitete Religiosität
hatte sich nicht in den Hohlformen äußerlicher Rituale zu erschöpfen,
sondern in der Praxis zu bewähren. Wahre Frömmigkeit, sittlicher Le-
benswandel und tätige Nächstenliebe sollten Hand in Hand gehen.
Eben dieser praxis- und reformorientierte Wesenszug, der seinen sinn-
fälligsten Ausdruck in den Franckeschen Stiftungen in Halle fand, war
es, der eine zeitweilige, gegen die Orthodoxie gerichtete Annäherung
von Aufklärung und Pietismus ermöglichte. Daß das ein höchst fragiles
und deshalb nur vorübergehendes Bündnis sein konnte, zeigte sich freilich frühzeitig an der von pietistischen Kreisen forcierten Vertreibung
Christian Wolffs aus Halle. Sobald der Pietismus fürchten mußte, der
aufklärerische Rationalismus würde ihm seine Spiritualia wegräsonnie-
ren, suchte er den Schulterschluß mit der Orthodoxie.

Jansenismus und
katholische Kirche

Ähnliche Annäherungen zwischen religiöser Reformbewegung
und Aufklärung lassen sich auch im Katholizismus beobachten. Hier ist
es der nach dem 1638 verstorbenen Bischof von Ypern, Cornelius Jan-
sen, benannte Jansenismus, der innerhalb der Germania sacra zwar
keine allgemeine Erscheinung war, aber in Österreich sowie im habsburgischen Großherzogtum Toskana Fuß faßte. Auch hier finden wir in

der Forderung nach einer purifizierten, schlichten Frömmigkeitspraxis und dem ihr zugeordneten Priesterideal des „pastor bonus" sowie in der Forderung nach einer von tätiger Nächstenliebe geprägten sittlichen Lebensführung jene Tendenzen, die auch der Aufklärung ein Bedürfnis waren. Daneben ergänzte sich die antikuriale Stoßrichtung des 1713 mit der päpstlichen Bulle „Unigenitus" verbotenen Jansenismus mit den episkopalistischen und national- bzw. landeskirchlichen Tendenzen des Reformkatholizismus.

Verbindungslinien der Aufklärung zur religiösen Kultur der Epoche lassen sich aber nicht nur zu den in Opposition zur Amtskirche entstandenen Bewegungen ziehen, sondern auch in der amtskirchlich gebundenen Theologie. Auf protestantischer Seite waren es etwa seit den 1740er Jahren die sog. Neologen, die einer neuen Theologie den Weg auch in die Universitäten bahnten. Die Neologie, die ihre bedeutendsten Vertreter in Johann Friedrich Wilhelm Jerusalem und Johann Joachim Spalding hatte, reduzierte einerseits die traditionelle Theologie auf jene eiserne Ration – „Anerkennung einer gut regierenden Gottheit und eines fortwährenden Lebens" [28: J. J. SPALDING, 82] –, die für die Abgrenzung vom Deismus nötig war. Gleichzeitig gab sie mit der Rezeption der historischen Bibelkritik das Prinzip der Verbalinspiration preis. Dieser Entschlackungsprozeß erlaubte es, unabhängig von traditioneller Dogmatik und Biblizität den ethischen Kern der christlichen Lehre herauszuarbeiten, der für eine in Einklang mit der Glückseligkeits- und Tugendlehre des aufgeklärten Bürgers stehende sittliche Lebensführung entscheidend war.

Diesen Prozeß der Umformung der traditionellen Theologie zu einer auf das eigentliche Wesen des Christentums rekurrierenden Morallehre findet man mit zeitlicher Verzögerung auch im katholischen Deutschland. Nachdem 1773 der Jesuitenorden aufgehoben worden war, setzte dort eine rege Reformdiskussion ein. Einerseits galt dabei im neuen Lichte milder Irenik die traditionelle Kontroverstheologie als überholt, andererseits zielte man auf eine deutliche Verschlankung der als Exerzierfeld abstrakter Spekulation erachteten Dogmatik ab. Ziel war vielmehr eine aus den kritisch zu hinterfragenden Quellen – Bibel, Kirchenväter, Konzilsbeschlüsse – geschöpfte Glaubenslehre, die zu einem tugendhaften Leben anleitete. „Religion und Offenbarung haben keinen andern Zweck", so der Würzburger Reformtheologe Franz Oberthür, „als die reine wahre Humanität, die sich im Christenthume verliert, so daß man Eines mit dem Andern ohne Bedenken verwechseln – und behaupten darf, Humanität finde sich nur im Christenthume und was nicht nahe und ferne zur Bildung der einen wahren Humanität

Tendenzen der Aufklärungstheologie

Protestantische Neologie

Katholische Reformtheologie

beytrage, gehöre nicht zum wesentlichen Christenthum" [zit. nach 288: K. J. LESCH, 278].

Priester als Volks- Das Interesse an der Vermittlung dieses „wesentlichen Christen-
erzieher thums" war zentraler Bestandteil der Aufklärungstheologie *in genere* –
der protestantischen Neologie ebenso wie der katholischen Reformtheologie. Die populäre, sich auf den alltäglichen oder gesunden Men-
schenverstand einstellende Predigt war dabei das Medium, über das die
als Sitten- und Tugendlehrer begriffenen Priester die ethischen Kernaussagen des Christentums vermittelten und zu rechtschaffenem Le-
benswandel anleiteten und damit das vernünftige Zusammenleben der
Menschen förderten. In dieser Betonung des gesellschaftlichen Nut-
zens der sittlich-religiösen Unterweisung verschränkten sich die Anliegen der Aufklärungstheologie mit jenen des aufgeklärt-absolutistischen
Staates. Auch wenn dieser, wie im katholischen Deutschland, teilweise
massiv den Abbau kirchlicher Privilegien betrieb, so richtete sich das
lediglich gegen die Kirche in ihrer historisch gewordenen Gestalt –
nicht aber gegen die als „Bindemittel" der Gesellschaft verstandene Religion an sich.

4.2 Regieren und Verwalten

Aufklärung, Absolu- Spricht man vom Staat des 18. Jahrhunderts, evoziert dies im Regelfall
tismus und Reform das Schlagwort vom aufgeklärten Absolutismus. Gemeint ist damit
eine Form der Regierungsausübung, in der sich das auf Ausschaltung
ständischer Zwischengewalten und Korporationen bedachte monarchische Interesse an der flächendeckenden und alle Personen in gleicher Weise erfassenden Durchsetzung der landesherrlichen Gewalt mit
dem Rationalismus und Eudämonismus der Aufklärung traf. Resultat
dieser Konvergenz war einerseits die Intensivierung und Effizienzsteigerung staatlichen Verwaltungshandelns, andererseits eine auf die
Glückseligkeitsdoktrin der Aufklärung rekurrierende Reformtätigkeit.
Der Absolutismus wurde nicht in Frage gestellt, aber in der Aufklärung
in andere Begründungszusammenhänge gestellt und dadurch verändert.
Er verfeinerte durch Adaption aufklärerischer Argumente und Methodik Reichweite und Wirkungsgrad, und er modifizierte mit der stärkeren Akzentuierung wohlfahrtsstaatlicher Prinzipien die Staatsziele und
die Legitimation von Herrschaft, wobei die avisierte Glückseligkeit der
Untertanen und das Wohl des Staates aufs engste verbunden waren. Altruismus und Etatismus standen in einem unauflösbaren Wechselver-
Etatismus und hältnis. Ob allerdings eine Politik, die entweder darauf angelegt war, in
Aufklärung den Kreis der europäischen Großmächte aufzurücken (Preußen), die

Konkurrenzfähigkeit im Konzert der Mächte zu behaupten (Österreich) oder die Folgen überspannter politischer Ambitionen auszubügeln (Bayern, Sachsen), als aufgeklärt apostrophiert werden dürfe, da sie sich doch der nackten Staatsräson verdankte und nicht den Impulsen der Aufklärung, ist in diesem Zusammenhang eine durchaus berechtigte Frage. Mit dem auf das Epitheton „aufgeklärt" verzichtenden Ersatzbegriff des Reformabsolutismus wird freilich einerseits verdeckt, daß die Tendenz zu Reformen, zur Herrschaftsrationalisierung und Effizienzsteigerung der absolutistischen Staatsmaschinerie von jeher immanent war. Zum anderen wird damit das angedeutete Wechselspiel zwischen Aufklärung und Absolutismus nur unzureichend erfaßt. Daß im Verlaufe dieses osmotischen Prozesses mancher Fürst seine Interessen mit aufklärerischem Pathos verbrämte, umgekehrt mancher Aufklärer seinen Forderungen mit utilitaristischen Argumenten Schubkraft verleihen wollte, versteht sich von selbst. Die Trennlinie zwischen kalkuliertem Utilitarismus und einer idealiter vertretenen Aufklärung ist – wenn überhaupt – nur schwer auszumachen, wobei in diesem Zusammenhang mit Vorliebe der Frage nachgegangen wird, welcher Herrscher im Deutschland des 18. Jahrhunderts am ehesten als aufgeklärt bezeichnet werden dürfe. Wenn dabei vorgeschlagen wurde, als aufgeklärten Fürsten nur den zu bezeichnen, der sich durch reflektierte Intentionalität in die Gesellschaft der Aufklärer und in den aufklärerischen Diskurs einordnete und der ferner die Kriterien rationaler Herrschaftslegitimation sowie der „Durchsetzung aufgeklärter Reformimpulse" [112: G. BIRTSCH, Idealtyp, 13] erfüllte, so ist das ein Konzept, das – zumindest was die beiden ersten Punkte betrifft – vor allem auf Friedrich II. von Preußen zugeschnitten ist. Als schriftstellernder Monarch ohnehin, und dies nicht nur in der Epoche der Aufklärung, eine Ausnahme, weisen ihn seine literarische Produktion und die darin verarbeiteten Ideen, seine umfangreiche Korrespondenz sowie die persönlichen Kontakte mit den Repräsentanten der französischen Aufklärung zweifelsohne als Aufklärer aus. Nimmt man jedoch nicht allein das Wort für die Tat, sondern betrachtet die Taten selbst, so scheint es rasch zweifelhaft, ob der Philosoph unter den Herrschern des 18. Jahrhunderts auch dem dritten Kriterium hinreichend entsprach. Zwar handhabe er Religionsangelegenheiten vielfach mit toleranter Indifferenz, das preußische Reglement für die Judenschaft (1750) verfolgte indes eine restriktive Linie. Und daß Friedrich II. sich 1771 der Zuwahl von Moses Mendelssohn, der Symbolfigur der jüdischen Aufklärung, in die Berliner Akademie widersetzte, war alles andere als ein Ausweis religiöser Toleranz. Nimmt man noch dazu, daß viele Reformvorhaben nicht erfolg-

Typ des aufgeklärten Herrschers

reich abgeschlossen wurden – das Allgemeine Landrecht beispielsweise trat während der Regierungszeit Friedrichs nicht mehr in Kraft –,
wäre der preußische König zwar als aufgeklärter Fürst und Philosoph,
aber nur als mäßiger Reformabsolutist zu bezeichnen. Umgekehrt darf
aber wohl mancher Fürst, der nicht zur Feder griff und der sich nicht
mit der rationalen Herrschaftslegitimation anfreundete, aber durchaus
vom Eudämonismus der Aufklärung inspirierte Reformen einleitete,
als guter Reformabsolutist gelten; erinnert sei nur an die Aktivitäten
geistlicher Reichsfürsten, wie etwa die beiden Erthals in Würzburg und
Mainz oder Fürstbischof Colloredo in Salzburg. Mit diesen Hinweisen
soll nichts anderes gesagt sein, als daß es bei der Bewertung der Herr-
scherpersönlichkeiten des 18. Jahrhunderts wenig Sinn macht, den aufgeklärten Denker vom praktisch handelnden Fürsten zu trennen oder
gar beide Komponenten gegeneinander auszuspielen. Theorie und Praxis gehörten gerade in einer so anwendungsorientierten Epoche wie der
Aufklärung untrennbar zusammen, und „ein aufgeklärter Herrscher,
der sich in seine Studierstube zurückzieht und seine Einsichten nicht in
die Praxis umsetzt, hat mit Aufgeklärtem Absolutismus nichts zu tun"
[72: K.O. v. ARETIN, 82].

Grenzen fürstlicher   Die Preisfrage nach dem aufgeklärtesten unter den Fürsten hat für
Alleinherrschaft   ein so auf die Person des Monarchen zugeschnittenes System wie das
des Absolutismus zweifellos ihre Berechtigung. Doch auch wenn die
Rolle des Herrschers als Motor – oder negativ gewendet: als Bremser –
des Reformprozesses unbestritten ist, darf die Fixierung auf die Staats-
spitze nicht dazu verleiten, zu übersehen, daß die Intensivierung der
Staatstätigkeit eine immer breitere personelle Basis erforderte. Zum
stehenden Heer als der einen, mußte das sitzende Heer der Beamten als
weitere Stütze des Absolutismus rekrutiert werden. Friedrich II. und
Joseph II. mochten sich noch der kräftezehrenden und zeitraubenden
Illusion hingeben, auch die Details der Staatsgeschäfte zu kennen und
zu regulieren – doch diese Unfähigkeit, nachgeordnete Angelegenheiten zu delegieren, war ein monarchisches Auslaufmodell. Zudem fügte
sich manche spontane Einmischung nicht mehr in die Standards der
Aufstieg von Ver-   Verwaltungspraxis. Die Zukunft gehörte somit dem fachlich versierten
waltungsspezialisten   Verwaltungsspezialisten, und es ist kein Zufall, daß dann in der Reformzeit zu Beginn des 19. Jahrhunderts endgültig Männer wie Stein
und Hardenberg in Preußen, Reitzenstein in Baden, Montgelas in Bayern ihre vergleichsweise blassen Dynasten in den Schatten stellten.
Auch wenn sich die Fürsten des 18. Jahrhunderts das Heft noch nicht
aus der Hand nehmen ließen, hatte sich das in der Ära des aufgeklärten
Absolutismus bereits angebahnt. Joseph von Sonnenfels und die beiden

van Swieten in Österreich, Johann Heinrich Casimir von Carmer oder
Karl Gottlieb von Svarez in Preußen, Johann August Schlettwein und
Johann Jacob Reinhard in Baden, Johann Adam von Ickstatt zunächst
im geistlichen Fürstentum Würzburg und dann in Kurbayern, Thomas
von Fritsch in Sachsen, Franz von Fürstenberg in Münster oder auch
Goethe in Weimar – das sind nur einige Namen, die für diesen Trend
stehen. Wenn sich unter den Genannten der Nachkomme einer Buch-
händlersfamilie (Fritsch), die Söhne eines Hammerschmiedes (Ickstatt)
sowie eines konvertierten jüdischen Hebräischlehrers (Sonnenfels) be-
finden, so wird eine weitere Tendenz greifbar. Zwar hatte es auch schon
in den Fürstenkanzleien des 16. Jahrhunderts gelehrte Räte bürgerlicher
Herkunft gegeben. Aber die Rationalisierung und Expansion des Staates förderten – und daran ändert auch der Umstand nichts, daß die höch-
sten Staats- und Ehrenämter noch dem Geburtsadel vorbehalten blieben
– verstärkt den Aufstieg einer bürgerlichen Funktionselite, die im
Laufe ihres Studiums vielfach bei jenen Professoren gehört hatte, die
zur Vorhut der Aufklärung an den Universitäten zählten. Der absolutistische Staat, der auf der einen Seite die privilegierten Stände zurück-
zudrängen versuchte, band zugleich den administrativen Sachverstand
akademisch gebildeter Bürgerlicher an sich, also ein substantielles Element des sozialen Kerns der Aufklärungsbewegung. Diese wiederum
brachten ihre auch von der Aufklärung geformte Ideenwelt sowie ihr
bürgerliches Arbeitsethos und Tugendkonzept ein. Resultat war die
Herausbildung einer Staatsdienerethik, die sich vehement distanzierte
von jenen Klugheitslehren des 17. Jahrhunderts, die darauf angelegt
waren, sich mit formvollendeter Raffinesse im Intrigengespinst des Hofes zu bewegen. Gegenbild zur „Courtoisie" ist nun – um es mit dem
Titel des bekannten Romans von Johann Michael von Loen auszudrük-
ken – der „redliche Mann am Hofe". Der Dienst am Staat wurde moralisch aufgeladen. Nicht die moralindifferente Ranküne, sondern sittlicher Ernst und gemeinwohlorientiertes verantwortungsbewußtes Han-
deln werden zur Richtschnur für die Beamtenschaft. Und dieses Verant- _Entstehung des_
wortungsdenken schloß ein, daß – wie es Christian Wolff bereits in sei- _modernen_
nen „Vernünftigen Gedanken von dem gesellschaftlichen Leben der _Beamtentums_
Menschen" (1721) angedeutet hatte – gegebenenfalls auch dem Fürsten
widersprochen werden mußte. Im Zweifelsfall sollte das Gemeinwohl
über der Fürstengunst stehen, was natürlich nicht ohne Risiko war. In
der Literatur des ausgehenden 18. Jahrhunderts, etwa im 1793 erschienenen Staatsdienerrecht des Würzburger Juristen Johann Michael Seuf-
fert, wurde die in besonderer Weise dem Staatszweck verpflichtete Tätigkeit des Beamten folgerichtig zunehmend als eine öffentlich-recht-

liche Beziehung definiert, die fürstlicher Willkür entzogen wurde und Entlassung nur noch bei gröblicher Pflichtverletzung vorsah. Dieser dem modernen Berufsbeamtentum vorarbeitenden Entwicklung korrelierte konsequenterweise ein Katalog von Qualifikationen und Pflichten – geprüfte Ausbildung, Zuverlässigkeit, Pünktlichkeit und Unbestechlichkeit –, dessen Einhaltung u. a. durch Anlage sog. Conduite-Listen

Verwissenschaft-
lichung der Staats-
dienerausbildung

kontrolliert wurde. Diesem war wiederum die wissenschaftliche Grundlegung der Beamtenausbildung zugeordnet, indem an Universitäten oder an speziellen Ausbildungsstätten für künftige Staatsdiener wie dem Collegium Carolinum in Kassel, dem Collegium Illustre in Tübingen oder der Kameralschule in Kaiserslautern staatswissenschaftliche Fächer etabliert wurden.

Fürstliches Staats-
dienerethos

Charakteristisch für die Epoche des aufgeklärten Absolutismus war es nun, daß dieses Staatsdienerethos von einer ganzen Reihe bedeutender Fürsten auch auf die eigene Person angewandt wurde. Gewiß, die Auffassung, daß der Landesherr im Sinne recht verstandener christlicher Obrigkeit Sorge für das Wohl seiner Landeskinder zu tragen habe, findet sich schon in der älteren Fürstenspiegelliteratur – besonders deutlich im erstmals 1656 erschienenen und bis in die Mitte des 18. Jahrhunderts wiederholt aufgelegten „Teutschen Fürsten-Staat" Veit Ludwig von Seckendorffs. Ohne je ganz zu verblassen, wurde diese ältere christlich-patriarchalische Auffassung, wie sie für das 18. Jahrhundert vor allem am Beispiel des Markgrafen Karl Friedrich von Baden herausgearbeitet wurde, überwölbt von einer aus dem Herrschaftsvertrag abgeleiteten Pflicht des Fürsten zur Beförderung der allgemeinen Glückseligkeit. Denn wenn die Individuen den Naturzustand hinter sich lassen und sich aus Gründen der Selbsterhaltung und der Eigentumssicherung mittels des Gesellschaftsvertrags einem Herrscher unterstellen, so war die Kehrseite dieses Kontrakts konsequenterweise die Fürsorgepflicht des Fürsten. Dieser, das Gottesgnadentum obsolet machenden Rationalisierung der Herrscherpflichten korrespondierte die Nüchternheit der Pflichterfüllung. Friedrichs II. Wort vom Fürsten als dem ersten Diener seines Staates, Josephs II. Selbstbezeichnung als Beamter, Friedrich Christians von Sachsens Äußerung, die Fürsten seien für ihre Untertanen da und nicht umgekehrt, stehen für diese Entwicklung, die in der Ikonographie der Aufklärung anschaulich wurde [Vgl. II.5, S. 104]. Im Gegenzug durfte der sich im Dienst aufopfernde Fürst freilich auch verstärkt auf die Zustimmung seiner Untertanen pochen – eine Zustimmung, die ihm realiter allerdings ohnehin nicht entzogen werden konnte. Denn die aufgeklärteren unter den Fürsten des 18. Jahrhunderts waren zwar zur Rezeption der Theorie vom Ge-

sellschaftsvertrag bereit. Wenn damit auch die Vorstellung von der göttlichen Einsetzung und Legitimierung der Herrscher als Chimäre abgetan und der Fürst an die Erfüllung seiner vertraglichen Pflichten gebunden war, so war doch – von einer Ausnahme abgesehen – keiner bereit,
die Vertragstheorie bis in ihre letzten Konsequenzen durchzudenken
und auch die Kündbarkeit des Vertrages mit ins Kalkül zu ziehen; gerade die als Prototypen des aufgeklärten Absolutismus eingeordneten
Herrscher, Friedrich II. und Joseph II., waren nicht im mindesten ge-
willt, von ihrem Alleinregierungsanspruch abzurücken oder diesen in
Frage stellen zu lassen. Bei der angedeuteten Ausnahme handelte es   Vorüberlegungen zur
sich um Maria Theresias Sohn Peter Leopold, den nachmaligen Kaiser   konstitutionellen
Leopold II., der in seiner Zeit als Großherzog der habsburgischen Se- Bindung der Fürsten
kundogenitur Toskana nicht nur ehrgeizige Wirtschafts-, Verwaltungs-
und Kirchenreformen umsetzte. Zugleich legte er mit seinen seit 1779
erarbeiteten Verfassungsentwürfen die Schwachstellen der absoluten
Monarchie schonungslos bloß – daß nämlich aufgrund des dynasti-
schen Erbprinzips durch den Zufall der Geburt ein pflichtvergessener
Despot an die Regierung gelangen könne, der die ihm durch den Ge-
sellschaftsvertrag auferlegten Staatsziele nicht verantwortungsbewußt
verfolge. Vorgeschlagen wurde deshalb die konstitutionelle Bindung
des Monarchen, der seine Entscheidungen mit einer Versammlung ab-
zustimmen hatte, deren Zusammensetzung sich freilich nicht mehr an
der historischen Ständeordnung orientierte, sondern an Land- bzw.
Hausbesitz und Berufsgruppen. Wenngleich diese den Übergang vom
„despotisme légal" zum Konstitutionalismus markierenden Überlegungen nicht in die Praxis umgesetzt werden konnten, so belegt doch allein
die Tatsache, daß sie von einem regierenden Fürsten angestellt wurden,
das Bewußtsein einer zunehmenden Fragwürdigkeit der alten Ordnung.
Zugleich verweisen sie auf eine grundsätzliche Antinomie von Aufklärung und Absolutismus. Letzterer zeigte sich zwar für die herrschafts-   Antinomie des
intensivierenden Folgen des Rationalisierungsprozesses offen, nutzte   aufgeklärten
mit der Beamtenschaft das Potential einer vielfach aufklärungsorien-   Absolutismus
tierten Funktionselite und stellte ferner die Tätigkeiten des Regierens
und Verwaltens durch die Rezeption von Vertragstheorie und Glückseligkeitsdoktrin in einen auch für die Aufklärer konsensfähigen Begrün-
dungszusammenhang. Die absolute Stellung des Fürsten sollte letztlich
aber von der Ratio der Aufklärung ausgenommen werden. Die Aufhebung dieser Antinomie und die Konstitutionalisierung der Monarchie
wurden vom aufgeklärten Absolutismus als ungelöste Aufgabe an das
19. Jahrhundert weitergereicht. Kurz vor der konstitutionellen Zügelung
lung bescherte das neue Jahrhundert den Fürsten aber zunächst einmal,

wonach sie zuvor so oft vergeblich gestrebt hatten: jenen Verwaltungs-
zentralismus, der in den durch Eroberungs-, Erb- und Erwerbspolitik
zusammengezimmerten Territorien des alten Reiches im 18. Jahrhundert noch vielfach durch die Rechte der Landstände und regionale Son-
dertraditionen konterkariert worden war. Erst als, beginnend mit den
territorialen Umschichtungen durch Säkularisation und Mediatisie-
rung, die Reichsverfassung ausgehöhlt wurde, konnten die Landstände
aufgehoben und das Staatsgebiet rechtlich, administrativ und fiskalisch
vereinheitlicht werden. Erst dem „bürokratischen Staatsabsolutismus"
[120: W. DEMEL] der Reformzeit eröffneten sich somit jene Möglich-
keiten des Regierens und Verwaltens, die der Absolutismus vorbereitet
und denen die Aufklärung zugearbeitet hatte.

Konvergenz von
Absolutismus und
Aufklärung

Will man unter Ausklammerung der in andere Zusammenhänge
eingeordneten wissenschafts- und bildungsorganisatorischen Aspekte
[Vgl. I.4.1, II.3] sowie der Staat-Kirche-Beziehungen [Vgl. I.4.1, II.2]
diese Konvergenz des absolutistischen Interesses an der Rationalisierung und Effizienz der Staatsmaschine mit dem nüchternen, anti-tradi-
tionalistischen Blick der Aufklärung auf die herkömmliche Ständege-
sellschaft an einigen Beispielen verdeutlichen, so bieten sich hier
zunächst die im 18. Jahrhundert unternommenen Anstrengungen zur
administrativen Durchdringung des Landes an. Neben dem vielerorts
zu beobachtenden Bemühen um eine Neuorganisation der Verwaltung,
für das das 1723 gegründete preußische Generaldirektorium als Zen-
tralbehörde für die allgemeine Verwaltung und Wirtschaftspolitik und
das 1749 in Österreich eingerichtete *Directorium in publicis et camera-
libus* nur die prominentesten Beispiele sind, ist hier nicht zuletzt auf die
Landeserschließung *more geometrico* zu verweisen, die Vermessung
des Landes und die Zählung seiner Einwohner. Gut illustrieren läßt sie
sich an der Arbeit der österreichischen Bürokratie in der unter habsbur-
gischer Oberhoheit stehenden Lombardei, wo mit der Gemeinde- und
Provinzialverfassung von 1755 zunächst einmal das gesamte Verwal-
tungsgebiet systematisiert wurde und wo dann auf dieser Basis die Anlage eines Steuerkatasters folgte, der sämtliche landwirtschaftlichen
Grundstücke erfaßte und nach ihrer Bonität klassifizierte; parallel dazu
wurden eine Gewerbe- und eine Kopfsteuer eingeführt. Einerseits war
diese Form der Landeserschließung Ausdruck absolutistischen Zentra-
lisierungswillens. Wenn dabei aber ein am Prinzip der Steuergleichheit
orientiertes öffentlich-rechtliches System fixierter, periodisch und ausschließlich vom staatlichen Fiskus erhobener Abgaben angeregt wurde,
das die Angehörigen der privilegierten Stände miteinschloß, dann standen bei der Bürokratie des 18. Jahrhunderts naturrechtlich unterfütterte

Denkfiguren im Hintergrund, die nicht nur von Rechten weniger, sondern von Pflichten aller ausgingen. Der Egalitarismus kam – und das
scheint überaus bezeichnend für das Zusammenspiel von Aufklärung
und Absolutismus – im Gewand des steuereintreibenden Verwaltungsstaates.

Wenn die Rationalisierung der Staatsverwaltung auf eine Steige- *Wirtschaftsreformen*
rung der Einnahmen abzielte, um sowohl die nationale bzw. internationale Konkurrenzfähigkeit zu erhalten als auch das Wohl der Untertanen
zu befördern, so war natürlich die Mobilisierung der Wirtschaftskräfte
im Land die nächstliegende Konsequenz. Besonders greifbar wurde sie
in den Bereichen der Gewerbe-, Bauern- und Peuplierungspolitik. Was *Gewerbefördernde*
den ersten Aspekt betrifft, so lassen sich in sehr bescheidenem Umfang *Maßnahmen*
auf die Gewerbefreiheit des 19. Jahrhunderts hindeutende Maßnahmen
beobachten, insofern in einigen Territorien – so in Preußen bereits in
den 1730er Jahren – die innovations- und konkurrenzfeindliche Politik
der Zünfte bekämpft wurde in der Absicht, auch Außerzünftischen die
Ausübung von Zunftgewerben zu erleichtern. Diesem Anti-Traditiona-
lismus stand an positiven Maßnahmen vielfach eine aktive Infrastruk-
turpolitik gegenüber, wie sie sich in dem für die Lenkung des Trans-
portverkehrs und damit für die Erhöhung der Zolleinnahmen wichtigen
Chausseebau oder in der Regulierung von Wasserstraßen äußern
konnte. Dazu kam die Förderung technologischer Neuerungen, etwa im
Bergbau; beispielsweise gründete Kursachsen 1765 in Freiberg die
weltweit erste Bergakademie. Vor allem aber kam es zur staatlichen
Förderung von Manufakturgründungen – so in den preußischen Lan
desteilen, wo Friedrich II. in gut merkantilistischer Tradition großzügig
Monopolzusagen erteilte, so in Österreich unter Maria Theresia und
Joseph II., aber auch in Mittelstaaten wie etwa Sachsen und Bayern, wo
1710 bzw. 1747 die Meißener und die Nymphenburger Porzellanmanu-
faktur gegründet wurden.

Ungeachtet dieser Maßnahmen blieb der „Nährstand" im eigentli- *Bauernschutz*
chen Sinne der Bauernstand. Dessen sozioökonomische Realität sah
nun so aus, daß die überwältigende Mehrheit der Bauern grund- oder
gutsherrlich gebundenen Besitz bewirtschaftete. In der dominierenden
Variante der Grundherrschaft bedeutete dies, daß die Bauern einem
über das Obereigentum verfügenden adeligen oder kirchlichen Grund-
herrn Dienstleistungen und Abgaben, in aller Regel Naturalien, zu er-
bringen hatten. Deutlich verschärft war dieses Abhängigkeitsverhältnis
im Falle der vor allem im ostdeutschen Raum anzutreffenden Gutsherrschaft, wo persönliche Einschränkungen wie Schollenbindung, Hei-
ratsbeschränkungen sowie Fron- und Gesindedienste dazukamen. Vor

diesem Hintergrund ist also die mehr oder minder stark auch von der physiokratischen Hochschätzung des landwirtschaftlichen Produktivfaktors und des frei disponiblen Eigentums geprägte Diskussion über die Lage der Bauern zu sehen. Wenn dabei von den Anfängen der Bauernbefreiung die Rede ist, so impliziert dieser Begriff vorrangig altruistische Motive. Doch auch wenn sich ein Herrscher wie Joseph II. bei seinen Reformmaßnahmen auf die „Menschenliebe" berief, gab es – überaus typisch für das Zeitalter der Aufklärung – neben den philantropischen vor allem ganz pragmatische Gründe, über eine Regulierung der bäuerlichen Abhängigkeits- und Eigentumsverhältnisse nachzudenken. Zunächst muß hier klar gesehen werden, daß die Forderung nach Aufhebung oder Ablösung der Obereigentumsrechte adeliger oder kirchlicher Grundherren immer auch ein Schlag gegen die privilegierten Stände war, deren Sonderrechtsbezirke der absolutistische Staat nur allzu gerne beseitigt hätte. Dazu kam, daß das herkömmliche Abgabensystem mit seinen Dienstleistungspflichten gegenüber Grund- und Gutsherrn als veraltet empfunden wurde, weil es den bäuerlichen Arbeitsprozeß störte und einer Produktionssteigerung im Wege stand. Denn um letztere ging es natürlich ganz wesentlich, und mit den Überlegungen um die rechtliche Stellung der Bauern war deshalb untrennbar die u. a. in den gemeinnützigen Sozietäten geführte Diskussion um Verbesserungen der „Agricultur" wie beispielsweise Einführung der Stallfütterung, Anbau neuer Futterpflanzen und Durchsetzung der Fruchtwechselwirtschaft verbunden. Derlei Empfehlungen mußten freilich erst einmal in die bäuerliche Lebenswelt transferiert werden. Neben den Kalendern war hier vor allem die Predigtkanzel eine wichtige Vermittlungsinstanz der Agraraufklärung. Eine gewisse Rolle spielte auch die Errichtung von Musterwirtschaften; Reformlandwirte wie der Schweizer Jakob Gujer wurden von den Anhängern einer rationellen Landwirtschaft rasch zum philosophischen Bauern gekürt.

Die leitenden Maximen des aufgeklärten Absolutismus treten schließlich besonders deutlich auf dem Felde der sog. Peuplierungspolitik zutage. Ausgehend von der Überlegung, daß eine zahlreiche und fleißige Bevölkerung dem Wohlstand des Staates zugute komme und daß ein prosperierendes Gemeinwesen auch für die Untertanen vorteilhaft sei, verbirgt sich hinter dem Begriff der Peuplierung das Bestreben, brachliegende oder verwüstete Landstriche zu besiedeln und zu kultivieren. Wenn in diesem Zusammenhang bereits kurz nach dem Westfälischen Frieden Kursachsen ca. 80 000 Protestanten aus den rekatholisierten Gebieten Böhmens und der Oberpfalz aufnahm, wenn nach dem Widerruf des Edikts von Nantes (1685) Preußen im Sinne einer erfolg-

Marginalia:
Verquickung altruistischer und pragmatischer Argumente

Agraraufklärung

Peuplierung und religiöse Toleranz

reichen, von wirtschaftlichen und rechtlichen Vergünstigungen flankierten Einwanderungspolitik ca. 20 000 der aus Frankreich vertriebenen Hugenotten ins Land holte, wenn wiederum Preußen von den in den 1730er Jahren ausgewiesenen Kryptoprotestanten des geistlichen Fürstentums Salzburg etwa 19 000 für die bevölkerungs- und wirtschaftsschwachen ostpreußischen Gebiete gewann, dann wird hinlänglich klar, daß eine erfolgreiche Bevölkerungspolitik in erheblichem Maße von der konfessionellen Intransigenz anderer Länder und Territorien profitierte. Gleichzeitig wurde das pragmatische Interesse an der Peuplierung zum zuverlässigen Motor bei der Durchsetzung der religiösen Toleranz. In nuce vorexerziert wurde das in der kleinen mittelrheinischen Grafschaft Wied, wo die an Ausbau und wirtschaftlichem Aufschwung ihrer neugegründeten Residenzstadt interessierten Landesherren mit der Zusage freier Religionsausübung erfolgreich Glaubensflüchtlinge aus ganz Europa anwarben. Zuletzt lebten in dem von der aufgeklärten Welt mit Interesse beobachteten Neuwied nicht weniger als sieben Konfessionen nebeneinander.

Nun sollte die Bevölkerung eines Landes aus den genannten Gründen nicht nur zahlreich sein, sondern auch kerngesund und leistungsfähig. Dies ist der Punkt, an dem in der epochenspezifischen Verwobenheit älterer Auffassungen von der patriarchalischen Fürsorgepflicht des Fürsten und rationaler wohlfahrtsstaatlicher Konzepte verstärkt der sorgende Staat in Erscheinung trat in der Absicht, als abergläubisch bewertete volksmedizinische Praktiken und unprofessionelle „Pfuscherei" durch ein zeitgemäßes öffentliches Gesundheitswesen zu ersetzen. Gleichgültig, ob man diesen Vorgang der Medikalisierung stärker unter dem Aspekt der gesundheitspolizeilichen Normierung und Disziplinierung betrachtet oder ob man die Eigeninteressen der Patienten und den Altruismus der Ärzteschaft und der planenden Bürokratie pointiert, gilt: Vieles, was an Reformvorschlägen vor allem in der zweiten Hälfte des 18. Jahrhunderts zu Papier gebracht wurde, wurde frühestens zur Mitte des 19. Jahrhunderts gängige Praxis. So gesehen sind nur Ansätze und Trends beschrieben, wenn an die medizinisch-hygienischen Maßnahmen des 18. Jahrhunderts, etwa die Aufhebung innerstädtischer Friedhöfe und die Verlagerung der Begräbnisstätten vor die Stadtmauern, erinnert wird. Daneben kam es zu präventivmedizinischen Maßnahmen wie die Forcierung der Pockenschutzimpfung und eine Verbesserung bei der Ausbildung der Ärzte und nicht zuletzt der Hebammen, um Kindbettfieber und Kindersterblichkeit einzudämmen. Diese gesundheitspolizeilichen Maßnahmen wurden ergänzt durch den mit der Berliner Charité 1727 einsetzenden staatlichen Krankenhaus-

Medikalisierung

Hygienische Verbesserungen

Staatlicher Krankenhausbau

bau und die vermehrte Einrichtung von Findel- und Waisenhäusern sowie seinerzeit unter dem Begriff des Tollhauses oder des Narrenturms firmierender „psychiatrischer" Anstalten. Der Verschiedenheit dieser Aufgabenbereiche entsprach im übrigen noch längst keine räumliche Trennung, wie das Beispiel des 1784 nach dem Vorbild des Pariser Hôtel Dieu eingerichteten Wiener Allgemeinen Krankenhauses mit seinen fünf Abteilungen (Krankenspital, Gebärhaus, Tollhaus, Siechenhaus und Findelhaus) erhellt.

Armutsbekämpfung   Zu dieser sozialpolitischen Konzeption gehörte auch die Entwicklung von Strategien zur Vermeidung oder Bekämpfung der Armut. Für eine Richtung – nämlich die Vermeidung des sozialen Absturzes – war der Kammerton bereits 1668 in dem „Politischen Discurs" des Kameralisten Johann Joachim Becher angeschlagen worden: wie nämlich „eine Gemeinde zu fundieren sei", daß „ihr weder Krieg, noch Brandt, noch Armut, noch Sterben schaden". Hier bahnte sich der staatlich geförderte und an die Eigeninitiative sozialer Gruppen appellierende Aufstieg des modernen Versicherungsgedankens an, zunächst in Form der sich im 18. Jahrhundert ausbreitenden Brandversicherungen, die ihre Vorläufer in der 1676 initiierten Hamburger Feuerkasse und der Berliner Feuerversicherung von 1718 hatten. Ergänzend hinzu traten Personenversicherungen wie die 1743 eingerichtete Professorenwitwenkasse der Universität Göttingen oder die drei Jahre später gegründete Pfarrwitwenkasse in Baden-Durlach. Die andere Richtung der Armutsbekämpfung wurde mit den vereinzelt schon am Ende des 16. Jahrhunderts nachweisbaren, nun in der Epoche der Aufklärung vermehrt zu registrierenden Zucht- und Arbeitshäusern eingeschlagen. Hier ging es um die Verwahrung und um die Erziehung randständiger Existenzen zu nützlichen Mitgliedern der Gesellschaft. Die Unterscheidung von „Criminal- und Polizeyzuchthäusern", der freilich im 18. Jahrhundert keine räumliche Differenzierung entsprach, weist auf die Klientel dieser Anstalten hin. Im einen Falle handelte es sich um Kleinkriminelle, aber auch um Schwerverbrecher, die ihre Vergehen durch nützliche Arbeit sühnten. Im anderen Falle war es die Gruppe jener, die nicht aufgrund unverschuldeter Schicksalsschläge in Armut lebte, sondern weil sie sich regelmäßiger und rationaler Arbeitsgestaltung entzog; namentlich der gesunde Arbeitsscheue, der „starke Bettler", wurde als Gegenbild des fleißigen Bürgers perhorresziert.

Humanisierung des   Daß die Außenseiter der Gesellschaft eingehegt und unters Joch Strafvollzugs der Nützlichkeit gezwungen wurden, war die eine Seite der Entwicklung. Die andere war, daß für unehrliche oder geächtete Personengruppen überhaupt die Möglichkeit der Besserung durch Verwahrung ins

Anfänge des Versicherungswesens

Zucht- und Arbeitshäuser

Auge gefaßt wurde. Die Korrektionsanstalt schloß den Verzicht auf
körperliche Strafen ein, statt dessen sollten Hand oder Kopf an die Arbeit gewöhnt werden. Das war nützlich und humanitär gleichermaßen.
In diesen Kontext gehört auch die Abschaffung der Folter als Mittel der
prozessualen Wahrheitsfindung in Preußen unter Friedrich II., in der
Kurpfalz und in Österreich jeweils im Jahre 1776. Und schließlich
wurde auch die Todesstrafe zunehmend als obsolet erachtet und zumindest deutlich reduziert. Die Argumentationslinie war hier mit dem 1764
anonym erschienenen und europaweit diskutierten Buch „Dei delitti e
delle pene" des italienischen Aufklärers Cesare Beccaria vorgegeben
worden, der theoretisch unter Berufung auf die Vertragstheorie, pragmatisch wegen des geringen Abschreckungseffekts gegen Hinrichtun-
gen plädierte und statt dessen auf präventive Verbrechensbekämpfung
sowie auf die Verhängung langer, von Zwangsarbeit flankierter Haft-
strafen setzte. Diese Bemühungen um eine Strafrechtsreform waren
freilich nur ein Element einer viel breiter geführten Diskussion um die
Neuordnung von Recht und Justiz, hinter der wesentlich auch das Interesse des Staates an der Systematisierung und Vereinheitlichung der
Rechtsordnung stand. Kodifikationen wie jene des bayerischen Kanz-
lers Kreittmayr von 1751 oder die in Österreich unter Maria Theresia
vorgelegte „Constitutio Criminalis Theresiana" (1769) – beide noch
mit erheblichen Relikten älterer Methoden der Wahrheitsfindung und
des Strafens behaftet –, vor allem aber dann das „Allgemeine Land-
recht für die preußischen Staaten" (1794) stehen für diese Entwicklung.   *Herstellung von*
Daß gleiches Recht für alle geschaffen werden sollte, wies zum einen in   *Rechtsgleichheit*
Richtung der Entstehung einer egalitären Staatsbürgergesellschaft.
Gleichzeitig bedeutete dies, daß divergierende regionale Rechtstradi-
tionen und ständische oder korporative Sonderrechtsbezirke eingeebnet
und von der Gesetzgebung des bürokratischen Monopolstaats überwölbt werden sollten. Auch in der Diskussion um die Reform von
Rechtssetzung und -pflege begegnet somit jene Verbindung etatisti-
scher und philantropischer Argumentationsansätze, wie sie etwa auch
in der Verzahnung von Gemeinwohl und individuellem Nutzen im Bereich der Wirtschafts- und Sozialpolitik oder in der Verquickung von
merkantilen Interessen und Toleranzdenken greifbar wurde. Eben diese
Gemengelage von Utilitarismus und Eudämonismus, das unverhüllte
und auf eine Transzendierung der Staatszwecke verzichtende Zusammenspiel von interessegeleitetem, pragmatischen Handeln und ideellen
Impulsen war das Signum einer Epoche, die weder ganz absolutistisch
noch ganz aufgeklärt war.

II. Grundprobleme und Tendenzen der Forschung

1. Rezeptions- und Forschungsgeschichte

Als einem 1982 erschienenen Aufsatzband zu Christian Wolff eine erschöpfende Bibliographie zu Rezeptions- und Wirkungsgeschichte des Präzeptors der deutschen Aufklärung beigegeben wurde, ermittelte der Bearbeiter auch die zeitliche Streuung der Wolff-Literatur und kam zu dem Ergebnis, daß etwa 60% der aufgeführten Titel zwischen 1960 und ca. 1980 erschienen waren und „lediglich 40% in den 160 Jahren davor" [37: G. BILLER, 321]. Dieser aufschlußreiche Befund kündet nicht nur von einer langen Vernachlässigung der Aufklärungsepoche. Daß der Bibliograph 1960 eine Zäsur setzte, besagt indirekt zugleich, daß hier ein forschungsgeschichtlich relevanter Einschnitt gesehen wurde. In der Tat markieren die 1960er Jahre einen Wendepunkt für die Erforschung der Aufklärung in Deutschland: einmal im Hinblick auf die Wertung der Epoche, weil nun auf breiter Basis die nach 1945 angebahnte positive Sicht auf die westeuropäische Aufklärung griff. Und gleichzeitig kam es zu einer methodischen Neuorientierung, die die ältere ideengeschichtliche Forschungstradition zwar nicht aufhob, aber durch einen stark sozialgeschichtlich geprägten Zugriff auf das 18. Jahrhundert modifizierte und wesentlich ergänzte.

Die 1960er Jahre als Zäsur

Wenn Deutung und Erschließung der Aufklärungsepoche seither in offenkundigem Kontrast zu älteren Beurteilungen und Methoden stehen, scheint es zunächst einmal zweckmäßig, die letzteren kenntlich zu machen. Ausgangspunkt solch einer Tour d'horizon muß das aufgeklärte Säkulum selbst sein. Unter Zurückstellung der gesondert zu erörternden Formen der politischen Gegenaufklärung [Vgl. II.4] ist schon im ausgehenden 18. Jahrhundert ein selbstkritischer Reflexionsprozeß feststellbar, der im Grunde unausweichlich war. Gemäß den von ihr entwickelten Prinzipien mußte sich die Aufklärung selbst gefallen lassen, was sie von jeher gegenüber tradierten Verhältnissen, mentalen und intellektuellen Prägungen beansprucht hatte: daß deren historische Standortgebundenheit und Vorläufigkeit deutlich gemacht werden. Für

Kritische Selbstreflexion der Aufklärung

diesen die eigenen Grenzen erkennenden und einräumenden Vorgang der Selbstreflexion und -relativierung markiert zweifelsohne Kant den entscheidenden Einschnitt, der nicht nur den prozessualen – und das heißt eben: unabgeschlossenen – Charakter von Aufklärung betonte, sondern vor allem auch deutlich machte, daß das Vernunftprinzip selbst Gegenstand der Kritik sein muß und daß das Vermögen des Menschen zur verstandesmäßigen Durchdringung und Interpretation der Welt nicht absolut gesetzt werden kann. Was Kant betrieb, war Aufklärung über Aufklärung – und als solche notwendiges Korrektiv gegenüber einer Bewegung, die am Ausgang des Jahrhunderts weniger der permanente Appell an den Möglichkeitssinn war, sondern die sich ihrerseits tendenziell zur dogmatischen Weltanschauung verengt hatte und in ihrer verflachten Form ausblendete, was sich in der Theorie nicht dem Vernunftprinzip und in der Praxis nicht den Maximen eines rigiden Utilitarismus unterordnete. Gleichzeitig aber wurde dadurch auch der Weg freigelegt für jene Strömungen, die in kritische Distanz zur Aufklärung gingen und diese letztlich als eine zu überwindende Bewegung betrachteten.

Romantische Aufklärungskritik　　Ein klares Verdikt kam einmal von der romantischen Bewegung, die – wie es August Wilhelm Schlegel ausdrückte – der Aufklärung den Vorwurf geringer Ehrerbietung vor dem Dunkel machte. Hierin lag eine deutliche Kritik an der Negierung kontemplativer Daseins- und inspirierter Erlebensformen von Religiosität durch die Aufklärung, was zu einer Renaissance des im 18. Jahrhundert ja selbst von den katholischen Aufklärern nur allzu gerne als indolent apostrophierten Katholizismus im Umfeld der romantischen Bewegung führte. Wenn von der Romantik nun die religiöse Geschlossenheit und Gefühlstiefe des Mittelalters idealisiert und mit der Aufklärung als einer echte Spiritualität zersetzenden Bewegung kontrastiert wurden, so zeigte dies zugleich, daß ihr der historische Bezug zu den religiösen Zerklüftungen des 17. Jahrhunderts abhanden gekommen war. Sie bewegte sich nicht mehr auf jenem Boden, auf dem zu einem Gutteil der in die Aufklärung einmündende religiöse Skeptizismus und Relativismus gewachsen waren. Die Anwendung des von den Romantikern so hoch gehaltenen historisch-genetischen Prinzips auch auf die Aufklärung hätte diesen Zusammenhang offenlegen können. Indem sie unterblieb, blieb an der Aufklärung ausschließlich das Odium der Religionsfeindlichkeit haften.

Neuhumanistische Kritik an der Verzweckung des Individuums　　Daneben trat mit dem Neuhumanismus eine Richtung in Erscheinung, die sich scharf gegen die zweckrationale Normierung des Individuums durch den Utilitarismus der Aufklärung wandte. Unter der Flagge der Glückseligkeitsdoktrin und unter Berufung auf das Gemein-

bzw. Staatswohl werde, so der Vorwurf, der einzelne in ein Netzwerk von „Verzweckungen" [303: C. M. SAUTER, 332] einbezogen. Anders gesagt: der etatistisch geprägten Aufklärung fehle es an Gespür für das, was Humboldt dann als die Freiheit und Mannigfaltigkeit der Situationen bezeichnen sollte. Gegenentwurf wurde hier das Postulat der Selbstbildung und -veredelung des Menschen zum *homo vere humanus*, hinter der die Abrichtung zum bürgerlichen Dasein zurückzustehen hatte.

Nun war solche Kritik an der Aufklärung natürlich von jeher ambivalent. Einerseits war sie Reaktion auf den das 18. Jahrhundert durchziehenden Geist der Rechenhaftigkeit. Aber diese Kritik war vor dem historischen Hintergrund der Aufklärung gewachsen und konnte deren Resultate nicht einfach tilgen. Die Gegenreaktion, der der Stachel der vorausgegangenen Aktion implantiert war, konnte nicht mehr hinter die Aufklärung zurück – sondern nur noch so tun. Wohl konnte man beklagen oder auch neutral konstatieren, daß die aufklärende Vernunft – wie es Hegel in einem schönen Bild auf den Punkt brachte – den Hain zu Hölzern gemacht habe. Gleichzeitig aber standen der religiösen Sehnsucht des modernen Menschen beim Rückweg ins Numinose die Gegenentwürfe des neuzeitlichen Skeptizismus im Wege. Ähnlich zwiespältig wie die romantische Einstellung war die des Neuhumanismus. Das Plädoyer gegen die Verzweckung und Disziplinierung des Menschen durch den Staat und für eine Individuation in Freiheit vom Staat konnte diesen ja nicht einfach eskamotieren. Vielmehr stand die bildungstheoretische Metaebene gerade auch Humboldts fest auf dem Boden des preußischen Staates, der mit dem 1812 gestrafften Abiturreglement von 1788, der Einführung des Staatsexamens für künftige Gymnasiallehrer 1810 und der Etablierung der Habilitation für Hochschuldozenten deutlich die Herkunft vom etatistischen Ansatz des 18. Jahrhunderts und dem dort formulierten Anspruch auf das Bildungsmonopol des modernen Verwaltungsstaates zu erkennen gab.

Ambivalenz romantischer und neuhumanistischer Aufklärungskritik

Um die sich allmählich topisch verselbständigende negative Sicht der Aufklärungsepoche vollständig zu erfassen, muß das Ensemble der Einwände um eine weitere Variante ergänzt werden. Es handelt sich dabei um die bereits in den letzten Jahrzehnten des 18. Jahrhunderts greifbar werdende Deutsche Bewegung [106: H. STUKE, 289 ff.], in der sich – man kennt Hamanns Diktum vom kalten Mondlicht der Aufklärung oder das Herdersche Wort von der aufklärerischen Papierkultur – nicht allein die Renitenz gegen die Verstandeskultur der Aufklärung ankündigte. Zugleich klang hier bereits jene Auffassung an, die dann in der Ära der napoleonischen Besetzung und der Befreiungskriege sowie im

Deutsche Bewegung versus Aufklärung

Kontext der Nationalbewegung des 19. Jahrhunderts mächtigen Auf-
trieb erhielt: daß nämlich die Aufklärung eine westeuropäische – zumal
französische – Bewegung sei, die nachgerade den Siegeszug des „wel-
schen" Geistes verkörpere. Symptomatisch für diese Sichtweise ist die
Rezeptionsgeschichte Christoph Martin Wielands in Deutschland, in
dessen erotischem Gedicht „Idris und Zenide" (1767) die Autoren des
Göttinger Hains die mit der ätherischen Liebesauffassung der deutschen Lyriker unvereinbare Frivolität französischen Ursprungs zu erkennen meinten; in kleiner Runde „verbrannten wir", wie Johann Heinrich Voß fröhlich an Klopstock berichtete, „Wielands Idris und Bildnis"

Abgrenzung von der
westeuropäischen
Aufklärung [zit. nach 414: S. A. JØRGENSEN u. a., Wieland, 195]. Eingeleitet war damit eine Ächtung, die von der Romantik fortgeschrieben wurde und
letztlich auch den von Wieland repräsentierten Geist der Toleranz und
serenen Humanität meinte. Nimmt man in diesem Zusammenhang
noch die in August Wilhelm Schlegels „Vorlesungen über schöne Literatur" (1802/03) allgemein gegenüber der Aufklärung vorgetragenen
Vorbehalte hinzu, wonach Toleranz nur „verkleideter Indifferentismus"
und Humanität „eine zu gefällige Behandlung des Schlechten und
Nichtswürdigen aus Mangel an Ernst und aus eigner Schlaffheit" seien,
so hat man jene Topoi beisammen, die für die weitere Wahrnehmung
der Gesamtepoche beträchtliche Fernwirkung entfalteten: Der Aufklärung fehle der wahre sittliche Ernst, und hinter der Fassade weltbürger-
licher Zivilität und Toleranz verberge sich vaterlands- und standpunkt-
loser Relativismus, ja letztlich sei die Aufklärung ein dem deutschen
Wesen gefährliches Geistesprodukt der westeuropäischen Nachbarn,
vor allem Frankreichs.

Gerade dieser letzte Aspekt war es, der dann in Fichtes vom anti-
napoleonischen Affekt gespeisten „Reden an die deutsche Nation"
(1807/08) entscheidend vertieft wurde, insofern eben die Öffnung der
gebildeten Stände gegenüber der französischen Aufklärungskultur als
„Ausländerei" apostrophiert wurde, die eine Überbewertung der Ver-
standesbildung zur Folge gehabt habe. Neben der Abschottung gegen
Einflüsse von außen war hier die Antithetik von Geist und Gemüt
ebenso angelegt wie jene von Intellektuellen und „unverbildeten"
Volksschichten. Der patriotischen Exaltation kommender Generationen
war damit die Matrix vorgegeben, von der aus jener Dualismus weiter-
entwickelt werden konnte, der bei Ausbruch des Ersten Weltkrieges mit
der Formel von den „Ideen von 1914" neu gefaßt wurde. Die als Resul-
Ideen von 1914 ver-
sus Ideen von 1789 tat der Aufklärung geltenden Ideen von 1789 wurden nun als lediglich
auf individuellen ökonomischen und sinnlichen Gewinn abzielende
„Händlerideale" diskreditiert und mit den deutschen Werten – Zusam-

mengehörigkeit, Selbstzucht, gebührende Anerkennung der Autorität – kontrastiert [104: K. v. SEE, 111 ff.].

Der politische Gegensatz zu Frankreich und eine lange Tradition des Unbehagens an der Verstandeskultur der Aufklärung fügten sich so zu einer Mentalität, die nur allzu gerne bereit war, den empfindenden Dichter gegen den kühlen Denker, das starke Gefühl gegen den Verstand auszuspielen. Eingangs des 20. Jahrhunderts fand sie den ihr gemäßen Ausdruck in der auf Romantik und Biologismus gleichermaßen rekurrierenden sog. Lebensphilosophie, die meinte, die „blutleere" Verstandeskultur der Aufklärung in die Schranken weisen zu müssen. Von einem Neukantianer wie Heinrich Rickert als bloße Modeströmung abgetan, übte die dahinterstehende Idee, daß das Leben nicht nur von der abstrakten Vernunft, sondern auch von irrationalen Neben- und Unterströmungen mitgestaltet, ja im Extremfall von psychopathologischen Schüben beherrscht wird, beträchtliche Faszinationskraft aus. Das daraus resultierende Interesse am Pathologischen oder Okkulten, wie es in der Literatur der 1920er Jahre, etwa in Thomas Manns „Zauberberg", nachgelesen werden kann, war freilich nur eine Seite der Disposition, den Primat der Ratio in Frage zu stellen. Eine andere war es, mit demonstrativer Entschlossenheit als Programm zu formulieren, daß „nicht die Verstandesaufklärer und Humanitätsgläubigen die Lehrer der zur wahren Lebenserkenntnis entschlossenen Menschen zu sein hätten" [87: H. KIESEL, Aufklärung, 510]. Wenn für diese Haltung nicht zuletzt das Erlebnis des Ersten Weltkriegs verantwortlich gemacht wurde, so deshalb, weil sich in ihm die Schattenseiten der instrumentellen Vernunft, das Zerstörungspotential des technokratischen Fortschritts, ebenso gezeigt hatten wie die Brüchigkeit der auf Bändigung der destruktiven Kräfte des Menschen angelegten Ideale von Vernünftigkeit und Humanität. Sublimat dieser Erfahrung war demnach die konservative Revolution des Geistes, die sich den Ambivalenzen der Moderne mit „heroischem Realismus" kühl zu stellen entschlossen war und deshalb wahre Lebenserkenntnis bewußt in den Grenzbereichen – in Kampf und Abenteuer ebenso wie im Zustand der Ekstase – suchte. Ihre vulgäre Fortsetzung war jene innere Einstellung, die für die zivilisatorischen Werte der Aufklärung das bereits ausgangs des 19. Jahrhunderts geprägte zynische Wort von der Humanitätsduselei parat hatte.

Irrationale Strömungen zu Beginn des 20. Jahrhunderts

Über der langen Tradition der Aufklärungskritik in Deutschland darf freilich nicht übersehen werden, daß es daneben auch einen zwar dünneren, aber eben auch vorhandenen Zweig einer sachlichen Aufarbeitung [97: R. ROSENBERG, 16 f.] und erklärend-historisierenden An-

Erklärende Annäherung an die Aufklärung

näherung an die Aufklärung gab. Letztere ist vor allem mit den Namen von Ernst Troeltsch und Wilhelm Dilthey verbunden. Während Troeltsch aus religionssoziologischer Perspektive die Aufklärung nicht zuletzt als Gegenreaktion zu dem sich in den europäischen Religionskriegen erschöpfenden religiösen Fundamentalismus und damit zur „geringe[n] sittliche[n] Leistungskraft des Konfessionalismus" [108: E. Troeltsch, 228] erklärte, versuchte Dilthey [79: W. Dilthey, 18. Jahrhundert; 80: Ders., Erlebnis], die Kontrastierung von Aufklärung und Romantik aufzulösen. Betont wurden statt dessen die bereits im 18. Jahrhundert angelegten Keime der Romantik. Letztere bildete so den Abschluß einer konstanten Entwicklung, wobei der deutsche Weg in die „Innerlichkeit" zugleich als eine den – im Vergleich zu den westeuropäischen Nachbarländern verspäteten – Entwicklungsstand des Bürgertums widerspiegelnde „sozialhistorisch bedingte Introversion" [97: R. Rosenberg, 20] interpretiert wurde. Dieser Ansatz blieb keineswegs folgenlos, mündete vielmehr in den 1910er und 1920er Jahren in eine erstaunliche Vielzahl germanistischer Arbeiten zum 18. Jahrhundert ein [75: H. Dainat, 22 f.]. Berücksichtigt man dann noch die auf Karl Mannheim rekurrierende Wissenssoziologie, für deren Fragestellung nach dem Zusammenhang von Denk- und Sozialformen gerade das „gesellige Jahrhundert" reiches Material bereithielt, kann man zu dem Schluß kommen, daß es um die Erforschung der Aufklärung in Deutschland so schlecht nicht bestellt war. Daß einschlägige Arbeiten wie Ernst Manheims erstmals 1933 veröffentlichte Studie „Aufklärung und öffentliche Meinung" [91] oder Hans H. Gerths 1935 vorgelegte Dissertation zur bürgerlichen Intelligenz um 1800 [221] erst in den 1970er Jahren wiederentdeckt bzw. gedruckt wurden, verdeutlicht zugleich aber den durch den Nationalsozialismus bewirkten Bruch in der Aufklärungsforschung, für den der seit der Romantik entwickelte Strang deutscher Aufklärungskritik in vieler Hinsicht als Referenzbasis diente.

Beispielhaft aufzeigen läßt sich das Schicksal der Aufklärung und ihrer Erforschung in Deutschland nach 1933 an Ernst Cassirers bahnbrechender „Philosophie der Aufklärung" [57]. Das Werk erschien im November 1932, sozusagen in letzter Stunde. Nicht einmal ein Jahr später gab ihr Autor seine Hamburger Professur auf und ging ins Exil. Methodisch in der Tradition seines akademischen Lehrers Wilhelm Dilthey stehend, unternahm Ernst Cassirer den Versuch, eine Ideengeschichte zu schreiben, die nicht „bloße Ergebnisse" mitteilen, sondern die „gestaltenden Kräfte", die „dramatische Aktion" des Denkens der Aufklärung sichtbar machen wollte [57: E. Cassirer, VII f.]. Als cha-

---

Marginalien:

Wissenssoziologischer Ansatz

1933 als Bruch in der Aufklärungsforschung

Ernst Cassirers „Philosophie der Aufklärung" (1932)

rakteristische Wendung der in vieler Hinsicht den „Lehrbestand" der vorangegangenen Jahrhunderte, vor allem den des 17., in eklektizistischer Manier zusammenführenden Aufklärung wurde dabei ausgemacht, daß es ihr nicht einfach um Präsentation von Denkresultaten gegangen sei, sondern daß sie an die Kraft der Gedanken zur Lebensgestaltung geglaubt habe und deshalb zu deren Gebrauch anleiten wollte. Hierin lag für Cassirer die innere Einheit der Aufklärungsphilosophie. Diesen in der Aufklärung wirkenden Impuls aus sich selbst heraus zu verstehen und in seiner konkreten Wirksamkeit transparent zu machen, die Epoche also nicht länger im Lichte des seit der Romantik gegen sie angestrengten Prozesses zu betrachten, war das Grundanliegen Cassirers, war doch „die Wohltat einer solchen Betrachtungsweise ... gerade der Epoche der Aufklärung selten zu teil geworden" [57: E. CASSIRER, XIV]. Gleichzeitig aber war diese Erschließung nicht „bloß-historisch gemeint", sondern implizierte die Besinnung darauf, daß das Jahrhundert der Aufklärung und die in ihm wirkende Kraft der Vernunft „nicht schlechthin vergangen und verloren" sein dürften; verständlicherweise galt das Buch deshalb kurz nach seinem Erscheinen manchem Rezensenten als Remedium in schwerer Zeit. Daneben muß aber auch betont werden, daß es Cassirer bei seiner Annäherung an die Epoche nicht um Apologetik, sondern um eine kritisch-produktive Aneignung ging. Natürlich war ihm klar, daß es „kein einfaches Zurück zu den Fragen und Antworten der Aufklärungsphilosophie mehr geben kann" und daß bei ihrer Betrachtung manches, „was uns heute als Resultat des ‚Fortschritts' erscheint, ... seinen Glanz" verliert [57: E. CASSIRER, XV f.]

Dieser letzte Aspekt war in radikalisierter Form das große Thema der zwischen 1942 und 1944 im amerikanischen Exil entstandenen und 1947 im Amsterdamer Querido-Verlag erschienenen „Dialektik der Aufklärung" von Max Horkheimer und Theodor W. Adorno [86]. Allein schon Entstehungs- und Erscheinungsort deuten an, was den Inhalt des Buches prägte: der Erfahrungshintergrund des Nationalsozialismus. Die „Dialektik der Aufklärung" ist keine Geschichte der historischen Aufklärungsepoche, sondern eine zwar auch auf diese rekurrierende, aber zugleich darüber hinausweisende grundsätzliche Offenlegung der Ambivalenzen okzidentaler Rationalität. Als deren früher Repräsentant wird Odysseus ausgemacht, der sich der von den mythischen Mächten ausgehenden Suggestionskraft und Gefahren listenreich zu entziehen weiß; „List aber ist der rational gewordene Trotz" [86: M. HORKHEIMER/ T.W. ADORNO, 55]. Der Preis ist freilich die Selbstdisziplinierung des seefahrenden Helden, der dem betörenden Gesang der Sirenen widersteht, weil er sich selbst an den Masten seines Schiffes

Dialektik der Aufklärung

fesselt. Daß also der auf Entmythologisierung, im weiteren dann auf
Naturbeherrschung abzielende Rationalisierungsprozeß nicht bzw.
nur bedingt zur Selbstbefreiung des Menschen, sondern auch zu seiner Unterdrückung führt, zumal wenn sich die instrumentelle Rationalität
(Technik, Verwaltung) gegenüber dem emanzipatorischen Anliegen der
Aufklärung verselbständigt – das war die zentrale Botschaft des Wer-
kes. Vorgetragen wurde sie mit zupackendem Pathos in einer historischen Stunde, zu der die am Beginn der Moderne postulierte „innere
Beziehung von Rationalität und Emanzipation" [89: H. KUNNEMANN,
152] im Herkunftsland der Autoren in „Herrschaft ... in faschistisch
rationalisierter Gestalt" [86: M. HORKHEIMER/ T. W. ADORNO, 79] um-
geschlagen war. Daß die leitende These vor diesem historischen Hintergrund so apodiktisch präsentiert wurde, das machte den „Zeitkern" des
Buches aus. Zugleich führte dies später dazu, daß die Aufklärung und
ihre Verheißungen von den Fortsetzern der Kritischen Theorie gegen
die verhängnisgeschichtliche Perspektive ihrer Vordenker in Schutz genommen wurde.

Neubewertung
der Aufklärung
nach 1945

        Obgleich der von Horkheimer und Adorno geschärfte Blick auf
ihre Ambivalenzen beim künftigen Nachdenken über die Aufklärung
nicht mehr wegzudenken war, richteten sich andererseits nach der Ka-
tastrophe die Hoffnungen in Deutschland mehr denn je auf das Gedan-
kengut des 18. Jahrhunderts. Gerade weil der Barbarismus des NS-Re-
gimes das Maß des Vorstellbaren überschritten hatte und in einer gewissen Hilflosigkeit als der Einbruch des Irrational-Dämonischen in die
moderne Zivilisation begriffen wurde, kam es zu einer Renaissance der
Aufklärung. Und indem im Bewußtsein der deutschen Schuld und der
Isolation Deutschlands innerhalb der Völkerfamilie die europäische
Wertegemeinschaft zum geistigen Fluchtpunkt wurde – nachzuvollziehen etwa in der Dominanz des Abendland-Topos im Schrifttum der
Nachkriegsjahre –, entdeckte man zugleich auch die zwischen 1933
und 1945 als liberalistisch verpönten Repräsentanten der deutschen
Aufklärung wieder. Daneben wurden, nicht ohne absichtsvolle Förderung dieses Rezeptionsprozesses durch die Besatzungsmächte, die Literaten und Staatsdenker der westeuropäischen Aufklärung neu zugänglich gemacht. Die entscheidende Bedeutung der Nachkriegszeit
für Rezeption und Neubewertung des Aufklärungszeitalters steht somit
außer Frage. Allerdings bedurfte es – und deshalb wurde oben der Zä-
surcharakter der 1960er Jahre hervorgehoben – einer gewissen Anlaufzeit, bis die Neuerschließung und Neubewertung einer zuvor vernach-
lässigten Epoche im Wissenschaftsbetrieb auf eine breitere personelle
Basis gestellt waren und somit in nennenswerten Ertrag sowie die für

die Etablierung der Forschungsrichtung wichtige institutionelle Verdichtung einmündeten.

In Analogie zur politischen Teilung entwickelten sich dabei in der Deutschen Demokratischen Republik und in der Bundesrepublik Deutschland je eigene Forschungstraditionen. In der DDR verliehen zunächst Gelehrte, die älteren Jahrgängen angehörten, der Aufklärungsforschung Profil. Eduard Winter [177] war 1943 mit einer für die Neubewertung des österreichischen Josephinismus wichtigen Studie hervorgetreten und fand in der Erforschung der wissenschaftlich-kulturellen Ost-West-Beziehungen ein weiteres Arbeitsgebiet. Forschungsschwerpunkt des Romanisten Werner Krauss war die französische Aufklärung, auf die sich auch Victor Klemperer spezialisiert hatte. Da die Genannten ihre wissenschaftlichen Positionen im wesentlichen vor 1945 entwickelt hatten, blieben ihre Arbeiten „über weite Strecken frei von orthodox-marxistischen Positionen" [93: H. MÖLLER, Interpretation, 369]. Zugleich gaben sie nachfolgenden Forschergenerationen in der DDR wichtige Impulse. Namentlich gilt dies für Krauss, unter dessen Vorsitz sich 1964 – zu einem im Vergleich zur Bundesrepublik sehr frühen Zeitpunkt – in Ostberlin eine „Gesellschaft für Aufklärungsforschung" konstituierte, die vor allem die romanistischen Forschungsaktivitäten bündeln und koordinieren wollte [82: M. FONTIUS, Lage, 199 ff.]

Aufklärungsforschung in der DDR

Daß es in der DDR zu einem frühen Aufschwung der Aufklärungsforschung kam, hing auch damit zusammen, daß sich Initiativen wie jene von Krauss in einen Kontext fügten, der die Aufklärung primär als Oppositionsbewegung des sich emanzipierenden Bürgertums gegen die Feudalkräfte des Ancien régime interpretierte. In der Vorbereitung des materialistischen Denkens und als Übergangsphase vom Feudalismus zum Kapitalismus als einer geschichtsnotwendigen Vorstufe zum Sozialismus kam der Aufklärungsepoche aus marxistisch-leninistischer Perspektive eine zentrale Scharnierfunktion zu. Sie zählte zum progressiven, somit bewahrenswerten und forschungswürdigen Erbe der deutschen Geschichte. Diese in der Geschichtsteleologie des Marxismus begründete Fixierung auf den antifeudalistischen Emanzipationskampf des Bürgertums implizierte Verzerrungen, aber auch Chancen. Verzerrungen insofern, weil damit zunächst einmal der Blick darauf verstellt wurde, daß eben durchaus auch die „Feudalkräfte" Klerus und Adel im Prozeß der Aufklärung eine gewichtige Rolle spielten; in den 1980er Jahren hatte dieses Faktum freilich längst Eingang in die in der DDR erscheinenden Forschungsberichte gefunden [71: W. ALBRECHT, Spätaufklärung, 55 f. u.ö.]. Umgekehrt förderte aber gerade die

Aufklärung als Teil des progressiven Erbes

Konzentration auf die bürgerlich-antifeudalen Kräfte die Beschäftigung mit der Spätphase der Aufklärung, in der sich am ehesten progressive, ja revolutionäre Tendenzen ausmachen ließen und die zugleich unter den Urteilen der Verächter der Epoche am meisten zu leiden gehabt hatte und deshalb entsprechend wenig erforscht war. Vor diesem Hintergrund entfaltete sich in der Forschungslandschaft der DDR ein außerordentlich reges Interesse an der eher seltenen Spezies der radikalen Aufklärer in Deutschland. Neben dem Geheimbund der Illuminaten [25: J. RACHOLD] oder Karl Friedrich Bahrdts „Deutscher Union" [243: G. MÜHLPFORDT, Union] galt das Interesse dabei vor allem früh [169: H. VOEGT] und nachhaltig [157: H. SCHEEL, Begegnung; 158: DERS., Mainzer Republik] den deutschen Jakobinern.

Aufklärungs-forschung in der alten Bundesrepublik

Was die alte Bundesrepublik betrifft, so ist noch einmal auf den Hinweis einer gewissen Anlaufzeit zurückzukommen, die für eine breite Verankerung der Aufklärungsforschung nach 1945 erforderlich war. Plastischer ausgedrückt: die in den 1920er und 1930er Jahren geborene Forschergeneration – der Historiker Rudolf Vierhaus ist hier ebenso zu nennen wie der Philosoph Werner Schneiders [30, 53, 102, 161, 311] – mußte sich erst einmal akademisch etablieren, um durch eigene Publikationen weiteres Interesse am 18. Jahrhundert zu wecken und zentrale Forschungsdesiderate wie etwa die Akademie- und Universitätsgeschichte oder die Geschichte der Freimaurerei und der geheimen Gesellschaften kenntlich zu machen. Solange das nicht der Fall war, wurde die Forschung in den 1950er Jahren von wenigen großen Würfen wie Fritz Valjavecs 1951 vorgelegtem Überblick zur Entstehung der politischen Strömungen [166] oder Reinhart Kosellecks 1959 erschiener Studie zum Verhältnis von Absolutismus und Öffentlichkeit [140] bestimmt, um dann aber allmählich ihre Basis zu verbreitern. Eingangs der 1970er Jahre mündete dies in gewichtige akademische Qualifikationsarbeiten wie Horst Möllers Dissertation über den Berliner Aufklärer Friedrich Nicolai [242: H. MÖLLER, Aufklärung in Preußen] oder Notker Hammersteins Habilitationsschrift über die Etablierung des historischen Denkens an den deutschen Universitäten des 17. und 18. Jahrhunderts [277: N. HAMMERSTEIN, Jus].

Gesellschaftskriti-sche Bewegung als neue Aufklärung

Daß dann aber seit den 60er Jahren die Aufklärungsepoche auch in den nächsten Generationen auf ein so außerordentlich breites Interesse stieß, hing allerdings auch wesentlich mit gesellschaftlichen Entwicklungen zusammen, die dem universitären Betrieb übergeordnet waren und diesen zugleich verändern wollten. Behauptet wird damit der Zusammenhang des gesteigerten Interesses an der Aufklärung mit der gesellschaftskritischen Bewegung der 1960er Jahre – ein Konnex, der nicht zuletzt aus der 1998 anläßlich der 30jährigen Wiederkehr des symbolischen Datums „1968" erschienenen Memorialliteratur abzulesen war. Die stürmende und drängende junge Generation begriff sich als neue, die bundesrepublikanische Restauration kritisch hinterfragende Öffentlichkeit – als Gegenöffentlichkeit, der überdies angesichts gravierender Veränderungen in der Medienlandschaft eine kosmopolitische Weite zuwuchs, die in der Studentenbewegung weltweit auf gemeinsame Feindbilder und Ideale eingeschworen war. Es war wohl kaum ein Zufall, daß in diesem Milieu eine vergleichsweise spröde Materie wie der Strukturwandel der Öffentlichkeit – so der Titel der 1962 veröffentlichten Frankfurter Habilitationsschrift von Jürgen Habermas [84; 74: C. CALHOUN] – zunächst zum Geheimtip und schließlich zum Longseller wurde. Und ebensowenig war es ein Zufall, daß mit dem „Club Voltaire" ein Forum der kritischen Öffentlichkeit auf einen Protagonisten der Aufklärung Bezug nahm.

Innerhalb dieses zuletzt für Österreich in analoger Weise konstatierten [73: L. BODI, Problematik, 154] Interesses der 60er Jahre am Aufklärungsparadigma schlug in methodischer Hinsicht die in der Geschichtswissenschaft der Nachkriegszeit angebahnte, nun aber durch die antiautoritäre Bewegung forcierte Tendenz durch, nicht nur die großen Akteure in den Mittelpunkt zu stellen, sondern sich auch den weniger Bekannten oder gar Namenlosen zuzuwenden. Die sozialgeschichtliche Wende erfaßte nicht nur die Historiker, sondern insbesondere auch die Fachphilologen. Die Germanistik [77: L. DANNEBERG; 103: J. SCHÖNERT, 39 ff.] besann sich dabei intensiv auf die wenig geachteten Literaten, die bislang durch den Schüttelrost einer nach klassischem Maß sortierenden Literaturwissenschaft gefallen waren. Nun schlug nicht nur endgültig die Stunde des bereits in der unmittelbaren Nachkriegszeit [426: F. SENGLE] gewürdigten Wieland, sondern auch zahlreicher mehr oder minder vergessener Autoren des 18. Jahrhunderts. Daß diese, zumal in der Durchsetzungsphase des Deutschen als Literatursprache, nicht durchweg den bislang an die sog. hohe Literatur gestellten Ansprüchen genügten, wurde keineswegs als Nachteil empfunden. Der alte Kanon galt vielen als ein bildungsbürgerliches Relikt, und seine Ausweitung auf die *auctores minores* und die bislang nicht zur schönen Literatur zählenden Textsorten – Kinderliteratur [9, 41, 334, 340, 354] oder Zeitschriften [50, 213, 239, 365] etc. – wurde als ein Zugewinn verbucht, weil gerade dadurch die gesellschaftliche Wirklichkeit der Autoren sowie der literarische Markt in der Formationsphase der bürgerlichen Gesellschaft differenzierter eingefangen werden konnten [58: R. GRIMMINGER, 7 ff.].

Sozialgeschichtliche Neuorientierung

Institutionalisierung der Aufklärungs- forschung

"Unsere These ist eine sehr einfache: wir wissen nicht genug über das 18. Jahrhundert und die Aufklärung" [99: T. P. SAINE, 526]. Was seinerzeit in fast schon koketter Schlichtheit formuliert wurde, sollte mehr als ein Vierteljahrhundert nach der methodischen Trendwende wenigstens annähernd falsifiziert worden sein. In der Tat wissen wir über Personen, Institutionen und gesellschaftliche Figurationen sowie über die durch sie repräsentierten kulturellen Strömungen entscheidend mehr – und zwar nicht nur auf der intellektuellen oder ästhetischen Hochebene, sondern auch, um im Bild zu bleiben, in den mittleren und tieferen Lagen. Bereiche wie die Soziabilität und Diffusion der Auf- klärung wurden im wesentlichen durch die seit den 60er Jahren in bei- den deutschen Staaten einsetzende Intensivierung der Forschung zum 18. Jahrhundert erschlossen – eine Intensivierung, die schließlich auch in der alten Bundesrepublik auf Initiative des Anglisten Bernhard Fa- bian 1975 mit der Gründung der "Deutschen Gesellschaft für die Erfor- schung des 18. Jahrhunderts" in eine institutionelle Bündelung der Aufklärungsforschung einmündete [35: Bd. 19 (1995); 94: M. NEUGE- BAUER-WÖLK, 25 Jahre]. Nimmt man dann noch das 1989, bereits kurz vor der deutschen Einigung initiierte und nach einigen Anlaufschwie- rigkeiten etablierte "Europäische Zentrum für Aufklärungsforschung" in Halle sowie das 1995 gegründete "Forschungszentrum Europäische Aufklärung" in Potsdam hinzu, spricht dies für ein ungebrochenes In- teresse am 18. Jahrhundert; gleichzeitig war es Aufgabe dieser Einrich- tungen, die Konsequenzen der Wiedervereinigung für die institutionali- sierte Aufklärungsforschung in der DDR abzufedern.

Neue Themen

Ungeachtet dieser Etablierung einer kleinen "Aufklärungsindu- strie" ist unstrittig, daß noch genügend offene Problemfelder der Bear- beitung harren. Bezogen auf das sozialgeschichtliche Paradigma ver- steht es sich fast von selbst, daß in Entsprechung zur politischen Viel- gestaltigkeit des deutschen Reiches und seiner konfessionellen Tren- nungslinien noch längst nicht alle Territorien oder Regionen im Hin- blick auf ihre fördernde oder retardierende Rolle im Prozeß der Aufklä- rung erschlossen sind. Das dürfte zumindest teilweise so bleiben, denn nachdem die Fragestellungen vor längerem entwickelt wurden, Pilot- und Nachfolgestudien in nicht geringer Zahl vorliegen, dürfte es zuneh- mend schwerer fallen, methodisch innovative jüngere Wissenschaftler für eine dem sozialgeschichtlichen Paradigma verpflichtete territoriale Diversifizierung der Aufklärung zu interessieren. Die hiermit konsta- tierte Ermüdungserscheinung ist nicht neu und mündete gelegentlich in die besorgte Frage ein, ob die Aufklärungsforschung in eine "zirkuläre und additive" [111: H. ZIMMERMANN u. a., 142] Phase getreten sei. Daß sie von den Dixhuitémisten in aller Regel beherzt verneint wird, ist nicht nur interessengeleiteter Lobbyismus. Denn in der Tat hat sich die Aufklärungsforschung seit dem Aufbruch in den 1960er Jahren zahlreiche neue Felder erschlossen. Zu nennen wäre etwa die in direktem Anschluß an sozialgeschichtliche Fragestellungen erfolgte Hinwendung zu der lange Zeit wie ein Meerwunder bestaunten Aufklärung im katholischen Deutschland [Vgl. II.2]. Seit den 1980er Jahren bedeutete dann die vor allem von literaturwissenschaftlicher Seite intensivierte Erörterung des Leib-Seele-Problems, seelenkundlicher, physiologischer und physiognomischer Theorien des 18. Jahrhunderts eine Neuorientierung, der das Gewicht einer „anthropologischen Wende" gegeben wurde [Vgl. II.5]. Teilweise in deutlicher Beziehung zu diesen Fragestellungen wurden vor dem Hintergrund der Frauenbewegung der 70er und 80er Jahre verstärkt im 18. Jahrhundert vorgenommene gesellschaftliche Rollenzuweisungen an die Geschlechter thematisiert, wobei die Frauengeschichte mittlerweile durch Arbeiten zur Konstruktion der Männlichkeit ergänzt wird [Vgl. II.3]. Als eine wesentliche Ergänzung zum Mainstream der Aufklärungsforschung ist schließlich die mit Ausnahme weniger Pionierstudien [377: H. GRASSL; 386: H. MÖLLER, Gold- und Rosenkreuzer] erst in den 90er Jahren zu beobachtende verstärkte Einbeziehung der gegenaufklärerischen und esoterischen Neben- und Unterströmungen des 18. Jahrhunderts zu betrachten [Vgl. II.4].

Wendet man auf diesen zuletzt angedeuteten Zweig der Aufklärungsforschung die diesen Überblick als roten Faden durchziehende Frage nach dem „Zeitkern" an, der Prägung des Blickes auf das 18. Jahrhundert durch die jeweilige Gegenwart seiner Erforscher, so stellt sich unweigerlich der Zusammenhang mit der Postmoderne her. Wenn die Meinung vertreten wird, daß die „Deutungspotentiale und Sinnstiftungsreserven des letzten Ausläufers abendländischer Kultur, eben der Neuzeit" [83: M. FRANK, 7], erschöpft seien, daß die Programme und Utopien der Moderne sich nicht zuletzt angesichts der Totalitarismen des 20. Jahrhunderts als illusionär oder irrig erwiesen hätten, dann impliziert das Rückfragen an das 18. Jahrhundert, in dem die „grands récits" mit ausgedacht wurden. Dabei wurde in dem Maße, in dem die Moderne fragwürdig wurde, eben auch entdeckt, daß das Jahrhundert der Aufklärung nicht von der rationalen Diskursivität monopolisiert wurde. Wenn der geschärfte Blick auf die Ambivalenzen und Pluralismen des 18. Jahrhunderts, die Freilegung seiner von den Aufklärern aller Zeiten wenig ästimierten esoterischen oder irrationalen Neben- und Unterströmungen der Postmoderne gutgeschrieben wer-

Aufklärung und Postmoderne

den, so soll diese nicht schon wieder darauf reduziert werden, es ginge ihr lediglich darum, die moderne Stigmatisierung von Irrationalität rückgängig zu machen. Verwiesen sei damit auf die Lesart, „daß die Postmoderne keine Anti-Moderne, sondern eine radikalisierte Moderne darstellt" [110: W. WELSCH, 19], insofern sie eben die dominanten Deutungsmuster der Moderne verabschiedet und einer radikalen Pluralität von „Lebensformen, Wissenskonzeptionen und Orientierungsweisen" [110: W. WELSCH, 11] das Wort redet. Gerade dabei wird dann die Aufklärung als Referenzepoche entdeckt, weil sie es eben war, die Denkformen entwickelte, die zum toleranten Umgang mit interkulturellen Differenzen beispielsweise im religiösen Bereich anleiteten. Wenn zuletzt dann, wiederum in Distanzierung von der Postmoderne, Neil Postman [95] angesichts einer den Medien des ausgehenden 20. und des beginnenden 21. Jahrhunderts attestierten Beliebigkeit unter Berufung auf die europäischen Denker des 18. Jahrhunderts dafür plädierte, nicht das Medium für die Botschaft zu nehmen, sondern letztere wieder inhaltlich im Sinne vernünftiger Welterklärung aufzufüllen, dann zeigt das, daß die Rezeption der Aufklärung ebenso unabgeschlossen ist wie der Prozeß ihrer Durchsetzung.

2. Katholische Aufklärung

Sektorale Interessen-
ausrichtung der Auf-
klärungsforschung

Vielleicht bestimmten ja die verschiedenen Konfessionskulturen weniger die Entfaltung der Aufklärung als den Prozeß ihrer späteren Perzeption, für den – pointiert ausgedrückt – galt: was nicht interessierte, konnte gar nicht vorhanden gewesen sein. Angesprochen ist damit eine lange vorherrschende „sektorale Interessenausrichtung" [88: H. KLUETING, Genius, 2] der protestantisch geprägten Aufklärungshistoriographie, die die Vorgänge im katholischen Deutschland kaum zur Kenntnis nahm. Und auch wenn heute die Konfession in weitaus geringerem Maße als früher die Forschungsinteressen disponiert, so trifft doch noch zu: wer sich mit der Aufklärung in den protestantischen Territorien des mittel- und norddeutschen Raumes befaßt, schenkt – von Ausnahmen wie etwa dem Illuminatenbund einmal abgesehen – dem Prozeß der Aufklärung in den katholischen Territorien des Alten Reiches häufig genug nur geringe Beachtung. Ein gewisser zeitlicher Vorsprung der Aufklärung in einigen, längst nicht allen Städten und Territorien des protestantischen Deutschland, die Tatsache, daß die „gelehrte Industrie" ihren Schwerpunkt im mitteldeutschen Raum hatte, ein Überge-

wicht protestantischer Autoren im Bereich des literarischen und philosophischen Höhenkamms – „keine katholischen Kants oder Herders
traten auf den Plan" [65: J. J. SHEEHAN, 173] –, all dies schien es zu
lange Zeit zu rechtfertigen, die Aufklärung im katholischen Deutschland bestenfalls als Randphänomen, als klerikal eingeschnürte katholische Aufklärung wahrzunehmen.

Das Entstehen dieser verengten Sichtweise ist nun freilich nicht
ausschließlich den nord- und mitteldeutschen bzw. protestantischen
Verächtern der Aufklärung im katholischen Reichsteil anzulasten. Vielmehr wurde das negative Image der Aufklärung im süddeutschen Raum
zunächst einmal von den katholischen Aufklärern des 18. Jahrhunderts
selbst mitgeprägt, indem sie tatsächlich oder vermeintlich unaufge-
klärte Zustände in den katholischen Territorien anprangerten und in der
Klage über die Vorherrschaft von Klerus und Mönchtum, über Aberglauben und barocke Frömmigkeit topisch zur *Chronique scandaleuse*
verdichteten; als Beispiele seien nur Johann Kaspar Riesbecks „Briefe
eines reisenden Franzosen über Deutschland" (1783) und Johann
Pezzls „Reise durch den baierschen Kreis" (1784) genannt. Häufig genug fühlten sich dabei die katholischen Aufklärer dem Protestantismus
unterlegen und stellten, ganz dem Geist der Rechenhaftigkeit verpflichtet, den Kosten der Barockfrömmigkeit die nüchterne Schaffensethik
des Protestantismus gegenüber. Mit der unter dem Pseudonym Johann
Christian Menschenfreund veröffentlichten, wohl zu Unrecht dem In-
golstädter Universitätsdirektor Johann Adam von Ickstatt zugeschrie-
benen Frage „Warum ist der Wohlstand der protestantischen Länder so
gar viel größer als der catholischen?" (1772) wurde frühzeitig jene In-
ferioritätsdebatte eingeläutet, die das Verhältnis der Konfessionen im
19. Jahrhundert nicht unerheblich belasten sollte.

Die Kritik katholischer Aufklärer an den ihnen vertrauten Verhältnissen verdankte sich noch einer entschieden pro-aufklärerischen Haltung. Sie war damit weit entfernt von den Verdikten, die der politische
Katholizismus und die katholische Historiographie des 19. Jahrhunderts später über die Aufklärungsepoche fällten. Die Schwellenzeit, in
der sich diese Distanz zur Aufklärung ergab, war für den Katholizismus
in Deutschland die Phase der Französischen Revolution und des Zu-
sammenbruchs des Alten Reichs mit dem traumatischen Einschnitt der
Säkularisation [149: W. MÜLLER, Säkularisation, 3 ff.], die die Germania sacra zum Einsturz brachte. Zwar hatte es in den Reihen der katholischen Gelehrten bereits im späten 18. Jahrhundert ein waches Gespür
dafür gegeben, daß die Aufklärung ein Boot sei, „in dem sie selber zum
Teil sitzen, zum Teil aber auch ein Boot, das sich von ihrer Fahrrinne

Marginalien (rechter Rand):

Selbstkritik katholi-
scher Aufklärer des
18. Jahrhunderts

Wandel der katho-
lischen Beurteilung
der Aufklärungs-
epoche

abtrennt" [100: P. SCHÄFER, Grundlagen, 55]. Allerdings wurde zunächst noch versucht – man denke an Martin Gerbert oder den jungen Johann Michael Sailer –, durch die Unterscheidung in eine wahre, zu den wesentlichen Grundlagen des Christentums zurückführende, und eine falsche, die geoffenbarten Glaubensgrundlagen in Zweifel ziehende Aufklärung, deren positive Optionen herauszuarbeiten. Solche Differenzierungen gerieten in den postrevolutionären Jahrzehnten zusehends in die Isolation. Wenn der Konstanzer Generalvikar Ignaz Heinrich von Wessenberg auch nach dem Desaster der Reichskirche noch darauf beharrte, das Zeitalter der Vernunft habe kirchliche Mißstände beseitigt und der Religion auch Vorteile gebracht, so war das bereits eine Außenseiterposition. Für die Mehrheit der Katholiken hatte sich in der Revolution unverhüllt das wahre Gesicht der Aufklärung und die Feindseligkeit des modernen Rationalismus gegenüber dem Christentum gezeigt; dem säkularen Staat sei es von jeher nicht um Reform, sondern um Unterdrückung und Enteignung der katholischen Kirche gegangen.

Überwindung der aufgeklärten Religionsauffassung　　　Zur Aufklärungsfeindlichkeit aus historischer Erfahrung trat aber noch ein weiteres Element hinzu, nämlich der schlichte Überdruß an der aufklärerischen Reduzierung der Religion auf eine vernünftige Sozialethik, die die spirituellen und mystischen, kurzum: die gemüthaften Komponenten von Religiosität ignorierte. Hierin vollzog sich der Übergang von der Aufklärung zur Romantik, wie er für den Katholizismus beispielsweise am Münsteraner Kreis um die Fürstin Amalie von Gallitzin [394: S. SUDHOFF] oder der romantischen Bewegung an der Universität Landshut festgemacht wurde und für den es nicht unbezeichnend ist, daß Protestanten wie etwa Graf Friedrich Leopold von Stolberg [378: D. HEMPEL] oder Friedrich Schlegel den Weg in die katholische Kirche fanden.

Katholische Abgrenzung von der Aufklärung　　　Es war somit ein Amalgam unterschiedlicher Komponenten, das zur Diskreditierung der Aufklärung im Katholizismus des 19. Jahrhunderts beitrug. Ein prominentes Beispiel dieser Abgrenzungsbewegung war der in den 1820er Jahren in Erscheinung tretende sog. Koblenzer Kreis, der in Joseph Görres, Clemens Brentano und Hermann Joseph Dietz seine führenden Köpfe hatte. Die Linie ließe sich weiterziehen [106: H. STUKE, 321 ff.] über den Görres-Kreis mit seinen seit 1838 erscheinenden „Historisch-politischen Blättern für das katholische Deutschland", denen sich in den 1860er Jahren die „Stimmen aus Maria-Laach" zugesellten, bis hin zur Aufklärungskritik in der neuscholastischen Theologie Joseph Kleutgens und der eingangs der 1880er Jahre vorgetragenen Polemik des Mainzer Kirchenhistorikers Heinrich

Brück, die katholischen Aufklärungstheologen hätten nicht aus den klaren Quellen der Konzilien und Kirchenväter, sondern aus den Pfützen der protestantischen Aufklärer geschöpft [100: P. SCHÄFER, Grundlagen, 63]. Am Ende dieser Entwicklung war Aufklärung das Synonym für den Unglauben und die Hybris eines sich aus den religiösen Bindungen lösenden Subjektivismus; der Begriff wanderte erst einmal „in den Vorrat der nomina odiosa" [90: H. MAIER, Katholiken, 44].

Ob es Zufall war oder nicht, sei dahingestellt: die Wende in der katholischen Beurteilung des Aufklärungszeitalters wurde jedenfalls von einem Gelehrten jener Hochschule eingeleitet, die bereits im 18. Jahrhundert eine Vorreiterrolle bei der Rezeption und Verbreitung der Aufklärung im katholischen Deutschland eingenommen hatte: Mit Sebastian Merkle war es ein Würzburger Universitätsprofessor, der mit einem 1908 gehaltenen Vortrag die Weichen für eine Neubewertung stellte. Merkle stand der Aufklärung keineswegs unkritisch gegenüber. In ihrer Verständnislosigkeit gegenüber der monastischen Lebensweise war sie ihm beispielsweise zu weit gegangen, und Joseph II. blieb der Vorwurf nicht erspart, er habe auch den Glauben verfolgt, „um sicher den Aberglauben zu treffen" [92: S. MERKLE, 412]. Zentrales Anliegen Merkles war es gleichwohl, bisherige katholische Verurteilungen der Aufklärung zu relativieren und die teilweise Berechtigung und die positiven Resultate aufgeklärter Kirchenkritik zu betonen. So sah er in den gottesdienstlichen Reformen, die u. a. vom Ruf nach einer deutschen Liturgie geprägt waren, und in den Bestrebungen zur Purifizierung der tradierten Frömmigkeitspraxis keineswegs einen Angriff auf die Religion schlechthin oder Anpassung an den Protestantismus, sondern wertete sie als zeitgemäße Modernisierung. Vor allem aber hielt Merkle die im 18. Jahrhundert von Theologen wie Martin Gerbert oder Engelbert Klüpfel vorgetragene Kritik an der Jesuitenscholastik für berechtigt, da sie sich zu weit von den echten Glaubensquellen entfernt habe und überdies dem theologischen Gegner mit den falschen Waffen entgegentreten sei; man könne die materialistische Annahme einer Entstehung der Welt aus dem zufälligen Zusammentritt von Atomen nicht mit dem Argument bestreiten, daß sich damit keine Wunder mehr begreifen ließen – „als wenn der Materialismus überhaupt noch Wunder und Weissagungen gelten ließe" [zit. nach 92: S. MERKLE, 370]. Neben diesen Spezialaspekten bettete Merkle die Aufklärung vor allem auch in einen historischen Kontext ein, der durch das auf ein idealisiertes Mittelalterbild projizierte Religionsverständnis der Romantik verschüttet worden war. In direktem Anschluß an Ernst Troeltsch [108] betonte er nämlich, daß es nicht zuletzt die Religionskriege gewesen seien, die

Neubewertung der Aufklärung aus katholischer Sicht

Thesen von Sebastian Merkle

die Aufklärer zu ihrem Standpunkt hatten finden lassen, und daß mithin der religiöse Fundamentalismus der vorausgegangenen Epoche und die Rationalisierungsstrategien der nachfolgenden Aufklärung in einem dialektischen Spannungsverhältnis gestanden hätten. Im Zuge solcher Historisierung wurde die Aufklärung das „naturnotwendige Produkt der vorhergehenden Entwicklung" [92: S. MERKLE, 413].

Durchsetzung von Merkles Thesen

Von katholischen Wissenschaftlern wurden diese Thesen zunächst heftig befehdet; vor allem die Gegenschrift des Tübinger Kirchenrechtlers Johann Baptist Sägmüller [98] ist hier zu nennen. Trotzdem wurde die Position Merkles zum Parameter, an dem sich die Arbeiten zur Aufklärung im katholischen Deutschland – die im wesentlichen eine Domäne katholischer Historiker blieb – orientierten. An Ludwig Andreas Veits Geschichte der katholischen Kirche im Zeitalter des Individualismus [199] läßt sich das ebenso nachvollziehen wie an den Studien Max Braubachs zur rheinischen Aufklärung, die auf der bereits 1924 angefertigten Habilitationsschrift zum letzten Kölner Kurfürsten Max Franz aufbauten [115]. In München richtete sich dann nach dem Zweiten Weltkrieg das Interesse Max Spindlers auf den Übergang vom barocken zum modernen Bayern, der anschließend von Andreas Kraus [286] und Ludwig Hammermayer [276] mit Arbeiten zur Akademie- und Sozietätsbewegung unter wissenschaftsgeschichtlichem Aspekt analysiert

Intensivierung der Erforschung der Aufklärung im katholischen Deutschland

wurde. Vollends rückte die Aufklärung im katholischen Deutschland im Zuge des Booms der Erforschung des 18. Jahrhunderts seit den 1970er Jahren in den Blickpunkt des Interesses. Einerseits wurde sie nun vereinzelt bereits auch in Überblicksdarstellungen stärker berücksichtigt [63: H. MÖLLER, Vernunft und Kritik, 87 ff.], andererseits folgte eine Reihe wichtiger Tagungen, wie das 1977 von der Wiener Katholischen Akademie veranstaltete Symposion „Katholische Aufklärung – Josephinismus" [141: E. KOVÁCS]. Förderlich für eine Intensivierung des Gedankenaustausches zwischen einer stärker auf den mittel- und norddeutschen Raum konzentrierten und einer sich vorrangig mit dem katholischen Reichsteil befassenden Aufklärungsforschung war es schließlich, daß die Deutsche Gesellschaft für die Erforschung des 18. Jahrhunderts 1988 ihre Jahrestagung unter das Thema „Katholische Aufklärung – Aufklärung im katholischen Deutschland" stellte [137: H. KLUETING, Katholische Aufklärung].

Kirchliche Angelegenheiten als Forschungsschwerpunkt

Wenn bei den genannten Symposien ein deutlicher Schwerpunkt auf den Reformen im kirchlichen Bereich lag, auf der Neuregelung des Verhältnisses von Staat und Kirche und auf neuen Akzenten im Bildungswesen und in der Theologie der Epoche, so spiegelte diese Fokussierung auf die kirchlichen Angelegenheiten exakt das Spezifikum

der katholischen Aufklärung wider. Zwar waren auch im protestantischen Deutschland Religionsfragen prominente Diskussionspunkte,
aber die Kontroversen zwischen Orthodoxie und Neologie wurden dort
unter gänzlich anderen strukturellen Rahmenbedingungen ausgefochten als im katholischen Reichsteil, wo die Einstaatung der Kirche nach
wie vor eine hochaktuelles Problem war [Vgl. I.1, S. 9 f.]. Daraus resul-
tierten im 18. Jahrhundert zahlreiche staatliche Eingriffe in religiöse
Bereiche wie Klosterwesen, Alltagsfrömmigkeit und Bildungseinrich-
tungen. Weil aber nun diese Tendenzen zum Ausbau des Staatskirchentums zeitlich verschränkt waren mit den religionskritischen Strömungen des 18. Jahrhunderts, waren sie deutbar als grundsätzliche Angriffe
auf Religion und Christentum – auch wenn sie sich nur gegen die historisch gewordene Gestalt der katholische Kirche richteten. Genau diese
Verschränkung wirkte in der beschriebenen Weise in der katholischen
Beurteilung der Aufklärung lange nach. Gerade an Joseph II. als einer   Neubeurteilung
Zentralgestalt des aufgeklärten Staatskirchentums, der mit Diözesan-   Josephs II.
regulierungen und Klosteraufhebungen, purifizierenden Maßnahmen
im Bereich der Volksfrömmigkeit und den Toleranzpatenten für die
Protestanten (1781) und Juden (1782) kaum eines der im neuralgischen
Bereich zwischen Staat und Kirche angesiedelten Themen ausließ, läßt
sich das gut veranschaulichen – sah doch die ältere Forschung in ihm
nur den überstürzt agierenden und von blinder Ablehnung gegenüber
Religion und Kirche getriebenen Klosterstürmer. Daß der vom volks-
pädagogischen Nutzen einer guten Seelsorge überzeugte Kaiser den Er-
lös aus den Klosteraufhebungen in einen Religionsfonds investierte,
um das Pfarrnetz und die seelsorgerische Grundversorgung der Bevölkerung zu verdichten, wurde seitens der katholischen Kirchenge-
schichtsschreibung erst spät unbefangen gewürdigt. Einer breiteren Öffentlichkeit wurde die zunächst von Fritz Valjavec [167] und Eduard
Winter [177] eingeleitete neue Sicht des Josephinismus dann durch die
fast einer Rehabilitierung gleichkommende niederösterreichische Landesausstellung 1980 in Stift Melk vermittelt [154: Österreich zur Zeit
Kaiser Josephs II.].

   Mit dem nach dem Kaiser benannten, freilich bereits in der Regie-   Reformpolitik in den
rungszeit Maria Theresias angelegten System des Josephinismus sowie   geistlichen Fürsten-
der bayerischen Kirchenpolitik [142: A. Kraus, Probleme] ist das   tümern
Staatskirchentum der Aufklärung für die großen weltlichen Territorien
gut erforscht. Gleiches gilt nur bedingt für die Reformpolitik in den
geistlichen Reichsfürstentümern. Die 1803 mit der Herrschaftssäkuri-
sation [149: W. Müller, Säkularisation] untergegangenen Bischofs-
staaten wurden von der historischen Forschung lange Zeit nur beiläufig

behandelt. Und wenn von ihnen die Rede war, wurde unter Berufung auf das geflügelte Wort, daß unterm Krummstab gut wohnen sei, reichlich pauschal das milde, auch von einem gewissen Maß an Indolenz geprägte Regiment der Bischöfe hervorgehoben, das mit der Hypothese von der „intendierten Rückständigkeit" [134: P. HERSCHE, Rückständigkeit, 133 ff.] mit den Weihen programmatischer Vorgehensweise versehen wurde. Die intensivierte Erforschung geistlicher Territorien wie Salzburg [132: L. HAMMERMAYER, Aufklärung in Salzburg, 375 ff.], Würzburg [305: A. SCHINDLING, Julius-Universität], Bamberg [163: G. SEIDERER], Trier [125: G. FRANZ] oder Kurköln [115: M. BRAUBACH, Max Franz; 152: R. v. OER, 335 ff.] gestattet mittlerweile differenziertere Einsichten in die innere Befindlichkeit der geistlichen Fürstentümer in der Epoche der Aufklärung. Dabei wurde teilweise eine erstaunliche Offenheit für neue geistige Strömungen erkennbar. Gewiß, in kirchlichen Angelegenheiten mußten die geistlichen Reichsfürsten defensiver agieren als ihre weltlichen Kollegen, was sie freilich nicht daran hinderte, nach mehr Unabhängigkeit von Rom zu streben, wie durch Episkopalismus und Febronianismus hinlänglich illustriert wird. Zugleich aber forcierten sie neben den Reformen im karitativen Bereich und im Bildungssektor Eingriffe in Alltagsfrömmigkeit und kirchliches Brauchtum, etwa durch die Reduktion von Feiertagen und Wallfahrtswesen. Aufs Ganze gesehen deutet nichts darauf hin, daß die geistlichen Staaten wesentlich anders oder schlechter regiert wurden als weltliche Territorien vergleichbarer Größenordnung im katholischen und protestantischen Deutschland. Bestätigt wurde diese Annahme zuletzt durch eine vergleichende Analyse für den fränkischen Raum, wo im protestantischen Markgraftum Ansbach-Bayreuth und im Hochstift Bamberg in ganz ähnlicher Weise das Konzept einer Reform von oben umgesetzt wurde – während dieser Weg in der anders strukturierten protestantischen Reichsstadt Nürnberg von der patrizischen Oligarchie bestenfalls zögernd eingeschlagen wurde [163: G. SEIDERER]. In die gleiche Richtung weist der Befund, daß die Schulentwicklung in dem zu Preußen gehörenden lutherischen Minden-Ravensberg „mit der im katholischen Hochstift Münster wesentlich mehr Ähnlichkeit" hatte [325: J. BRUNING, 351] als mit der im preußischen Kernland der lutherischen Mark Brandenburg. Offenkundig wurde die Aufklärung partiell weniger durch die Konfession, sondern durch den verfassungshistorischen Typus und regionale Besonderheiten konturiert.

Konvergenz zwischen katholischer und protestantischer Reformpolitik

Klosterkritik als Thema der katholischen Aufklärung Zu den Besonderheiten der Aufklärung im katholischen Deutschland gehörte es, daß sie in nicht unerheblichem Maße monastisch geprägt war – daß sie sich zugleich aber auch gegen die religiösen Orden richtete. Die Vertreter des aufgeklärten Staatskirchentums sahen in den Klöstern schlicht einen nicht mehr in die Zeit passenden Traditionsballast, dessen sich die protestantischen Landesherren in der Reformation längst entledigt hatten. In einer Vielzahl von Publikationen wurde der Ordensstand Zielscheibe spöttischer Sottisen und harter Kritik, und der Eintritt ins Kloster galt als der vorsätzliche Versuch, sich dem bürgerlichen Erwerbsleben zu entziehen. Hierin artikulierte sich ein grundsätzlicher Einstellungswandel gegenüber den Orden und auch der Religion, die im Sinne einer praktischen Ethik im Dienst der Versittlichung des gesellschaftlichen Lebens zu stehen hatte. In dem Maße aber, in dem der Priester als Volkserzieher und Volksaufklärer begriffen wurde, schwand auch der Respekt vor einem weltabgeschiedenen Leben hinter Klostermauern. In dieser Einstellung wurzelte die in den 1780er Jahren von Joseph II. vorgenommene Aufhebung einiger hundert Niederlassungen der sog. beschaulichen, im Lichte effizienzorientierter Schaffensethik mithin unnützen Orden.

Über dieser kritischen Neueinschätzung der Monastik darf freilich nicht übersehen werden, daß häufig genug Klöster und Ordensleute Träger der Aufklärung im katholischen Deutschland waren. Angesprochen sind damit am wenigsten Außenseiter wie der Franziskaner Eulogius Schneider, der zum radikalen Jakobiner wurde [131: W. GRAB, Volk, 109 ff.], sondern Vertreter einer gemäßigten, auf die Versöhnung von Tradition und Fortschritt bedachten klösterlichen Aufklärung, der es im Vorfeld der Säkularisation nicht zuletzt darum ging, Anpassungsfähigkeit und Nützlichkeit der religiösen Orden zu demonstrieren. Der von der Forschung herausgearbeitete Beitrag der alten Orden – vor allem der Benediktiner und Augustiner-Chorherren – zur Aufklärung war in der Tat gewichtig. In Bayern wäre die Arbeit der 1759 gegründeten kurbayerischen Akademie der Wissenschaften ohne die naturwissenschaftlichen und historiographischen Beiträge der religiösen Orden undenkbar gewesen [276: L. HAMMERMAYER, Geschichte], darüber hinaus stellten diese im letzten Viertel des Jahrhunderts zahlreiche Professoren an die Landesuniversität Ingolstadt ab [294: W. MÜLLER, Universität]. Für die Entwicklung der Historiographie in Österreich wirkten sich die auf der quellenkritischen Methode der französischen Mauriner aufbauenden Arbeiten der Gebrüder Pez aus Stift Melk außerordentlich befruchtend aus [280: G. HEILINGSETZER], und mit Johann Ignaz Felbiger war es ein Ordensmann, der der Schulreform in Österreich und den katholischen Territorien des Reiches wichtige Impulse gab [360: J. STANZEL]. Als weitere Zentren monastischer Gelehrsamkeit seien u. a. erwähnt Stift Göttweig unter Abt Gottfried Bessel, St. Blasien im

Ordensleute als Träger der Aufklärung

Klösterliche Aufklärungszentren

Schwarzwald unter Abt Martin Gerbert oder das oberbayerische Augustiner-Chorherrenstift Polling [180: R. VAN DÜLMEN, Propst]

Antijesuitismus als Signum der katholischen Aufklärung Neben den alten Orden galt das Interesse der Forschung vor allem auch dem Jesuitenorden, dessen 1773 von Papst Clemens XIV. verfügte Aufhebung eine der spektakulärsten Aktionen innerhalb des *Orbis catholicus* der Aufklärungsepoche war. Zwar hatte die Kurie mit dieser Maßnahme vor allem dem Druck der Bourbonenhöfe nachgegeben, allerdings grassierte auch in den katholischen Territorien des deutschen Reiches etwa seit den 1740er Jahren ein vehementer Antijesuitismus, der nicht nur von der reformorientierten Bürokratie, sondern auch von Teilen des Klerus mitgetragen wurde [194: W. MÜLLER, Aufhebung, 285 ff.]. Neben der die staatliche Kirchenhoheit unterlaufenden Organisationsstruktur der Societas Jesu sowie ihrer starken, in den Beichtvätern personifizierten Stellung bei Hofe zog im deutschen Sprachraum vor allem die Dominanz der Jesuiten im höheren Bildungswesen heftige Kritik auf sich, die im Gegensatz zum nun nachdrücklich formulierten Anspruch auf das staatliche Bildungsmonopol stand. Gleichzeitig galt den Reformkräften das nach wie vor an der *Ratio studiorum* von 1599 orientierte Lehrsystem der Jesuiten als antiquiert. Dabei wurde mit der jesuitischen Theologie auch die eigentliche Domäne des Ordens Gegenstand kritischer Erörterungen [Vgl. I.4.1, S. 49 f.]; so gesehen wurde die Aufhebung des Jesuitenordens seitens der Reformbürokratie nachgerade als Chance begriffen, die theologischen Lehrpläne durch die Aufwertung von Pastoral- und Moraltheologie umzugestalten [268: B. CASPER; 284: F. KLOSTERMANN]. Ungeachtet aller zeitgenössischer Kritik am Jesuitenorden ist allerdings anzumerken, daß dieser auch in der letzten Phase seiner Existenz Persönlichkeiten vorzuweisen hatte, die sich neuen Strömungen gegenüber aufgeschlossen zeigten. Eine vereinzelt zu beobachtende Wolff-Rezeption innerhalb der Societas Jesu [265: B. BIANCO] steht dafür ebenso wie die Leistungen jesuitischer Gelehrter auf naturwissenschaftlichem und historiographischem Gebiet. Von den katholischen Aufklärern wurde das gerne übersehen, wie diese umgekehrt von den Jesuiten häufig genug als „Jansenisten" verunglimpft wurden. Es liegt die Vermutung nahe, daß es gerade diese innerkatholischen Kontroversen waren, die verdeckten, daß nicht nur vom amtskirchlich ausgegrenzten Jansenismus Anstöße für aufklärungsspezifische Reformansätze kamen [186: P. HERSCHE, Spätjansenismus], sondern daß auch von den Traditionskräften Modernisierungs- **Katholische Impulse in der Aufklärung** tendenzen ausgingen. Exakt diese Frage, inwiefern die Aufklärung mithin auch durch originär katholische Impulse geprägt wurde und somit auch die katholische Aufklärung in geringerem Maße als rezeptives, am Protestantismus orientiertes Spätphänomen aufzufassen ist als vielfach angenommen, gilt es verstärkt zu prüfen. Voraussetzung hierfür ist allerdings, daß die zeitliche Konzentration auf die zweite Hälfte des 18. Jahrhunderts aufgegeben wird und die Veränderungen in Theologie, Pädagogik, Kirchen- und Staatsauffassung des nachtridentinischen Katholizismus einbezogen werden.

3. Erziehung und Geschlechterdifferenz

Mit dem Nachweis ihrer Geschichtlichkeit der Ordnung der Dinge den Nimbus des Providentiellen oder Naturgegebenen zu nehmen, sie als Resultat historischer Konstellationen und gesellschaftlicher Vereinbarungen kenntlich zu machen und somit der Veränderbarkeit zu öffnen, war ein Grundanliegen der Aufklärung. Bei ihrer Erforschung setzte es sich wohl auf keinem anderen Forschungsfeld so eindeutig fort wie dort, wo es um familiäre und berufliche Rollenzuweisungen und um die Beziehung der Geschlechter ging. Zunächst einmal war es die historische Bildungsforschung und Pädagogik, die sich der familialen und schulischen Sozialisation von Kindern und Jugendlichen zuwandte. Waren dabei bereits im Zuge der Erörterung der Mädchen- und Knabenbildung Fragen der Geschlechterdifferenz angeschnitten worden, so verstärkte sich dieser Trend in dem Maße, in dem von der Frauenbewegung der 1970er und 1980er Jahre die im Zuge der gesellschaftlichen Entwicklung fragwürdig gewordenen Zuweisungen außerhäuslich-beruflicher und häuslicher Zuständigkeitsbereiche problematisiert wurden. Eine zweite Forschungsphase wurde bzw. wird somit vor allem von der historischen Frauenforschung geprägt. Diese komplementär ergänzend, deutet sich seit der Mitte der 1990er Jahre ein intensiver werdendes Interesse an der Konstruktion von Männlichkeit und damit eine weitere Phase der Geschlechtergeschichte an. *(Phasen der Forschung)*

Das im Interesse internationaler Wettbewerbsfähigkeit vermehrte staatliche Investitionen in den Bildungssektor einfordernde Schlagwort von der Bildungskatastrophe, die auf den Abbau geschlechtsspezifischer und sozialer Disparitäten im sekundären und tertiären Bildungssektor abzielende Formulierung des Rechts auf Bildung, schließlich die eine kindgerechtere, sanfte Erziehung avisierende Rede vom „Elend der bürgerlichen Pädagogik" – in diesem zwischen pragmatischen und emanzipatorischen Interessen oszillierenden diskursiven Profil der 1960er Jahre spiegelte sich noch einmal jene Polarität von Utilitaris- *(Bildungsreform als Impuls für die historische Bildungsforschung)* mus und Philanthropismus wider, die bereits für die pädagogische Diskussion des 18. Jahrhunderts bezeichnend gewesen war. Nicht zuletzt diese Parallele war es, die das historische Interesse an der Genese der modernen Pädagogik sowie bildungspolitischer Steuerungsmechanismen des modernen Verwaltungsstaats beflügelte. Wenn in einer Studie über die preußische Unterrichtsverwaltung der Spätaufklärung bedauert wurde, daß die Reform der bundesrepublikanischen Bildungsgremien nicht hinreichend durch eine historische Analyse wissenschaftlicher Bildungsplanung unterfüttert werde [336: M. HEINEMANN, 12 ff.], wird dieser Zusammenhang ebenso evident wie in einer – gleichfalls auf das Preußen des 18. Jahrhunderts zentrierten – Analyse der „Wechselwirkung ... zwischen Bildungssystem und Gesellschaft", die erklärtermaßen vor der Folie einer „aktuellen radikalen Kritik der Funktion der Bildungsinstitutionen für Individuen und Gesellschaft" erfolgte [348: A. LESCHINSKY/P. M. ROEDER, 12 f.].

Institutionen- und Sozialgeschichte des Bildungswesens   Die seit den 1970er Jahren stetig gewachsene Zahl der Studien zur historischen Bildungsforschung verteilte sich im wesentlichen auf zwei Richtungen. Einmal galt das Interesse der pädagogischen Theoriebildung, zum anderen richtete es sich stärker auf die schulischen Institutionen und die Bildungsadministration. Übergeordnete Fragestellung für den letztgenannten Bereich war vor allem die Wechselwirkung zwischen dem Ausbau des auf gut geschulte Staatsdiener angewiesenen bürokratischen Monopolstaats und der Verdichtung und Ausdifferenzierung des Schulwesens, die u. a. durch Anstrengungen beim Ausbau des Elementarschulwesens, durch die Einrichtung realistischer Lehranstalten, berufsorientierter „Industrieschulen" oder von „Normalschulen" für die Lehrerausbildung markiert werden [358: W. SCHMALE/N. L. DODDE; 357: A. SCHINDLING, Bildung, 77 ff.]. Die zumeist einem dezidiert sozialgeschichtlichen Ansatz verpflichteten Arbeiten zum Ausbau des Schulwesens im 18. Jahrhundert waren sich in aller Regel der Diskrepanz zwischen den quellenmäßig relativ problemlos nachvollziehbaren normativen Vorgaben des Staates und der Schulwirklichkeit bewußt. Diesem geschärften methodischen Bewußtsein zum Trotze blieben „Studien zur Geschichte der alltäglichen schulischen Praxis noch durchaus selten" [325: J. BRUNING, 19]. Am frühesten wurde dieses Manko für Preußen, allerdings nur für das Kernland der Mark Brandenburg, behoben [351: W. NEUGEBAUER], wobei deutlich wurde, daß der preußische Verwaltungsstaat insbesondere auf der Ebene des Elementarschulwesens rasch vor den Toren der Gutsherrschaft endete und daß die Wirkung von Oberschulkollegium und Abiturreglement (1788) im Bereich des höheren Schulwesens beträchtliche Zeit sehr beschränkt blieb. Mittlerweile wurden zahlreiche weitere „Bildungslandschaften" [357: A. SCHINDLING, Bildung, 3 ff.] des Alten Reiches vermessen, und für größere Territorien wie Österreich und Bayern liegen Überblicksdarstellungen vor [328: H. ENGELBRECHT; 349: M. LIEDTKE]. Als Ergebnis zeichnet sich dabei ab, daß die Durchdringung des Territoriums durch die staatliche Schuladministration in den letzten Jahrzehnten des 18. Jahrhunderts in den katholischen Reichsteilen relativ weit fortgeschritten war, während im protestantischen Deutschland der Reformprozeß stärker von dezentralen lokalen Kräften geprägt wurde [325: J. BRUNING, 349 ff.].

Was die Ebene der pädagogischen Theoriebildung betrifft, so gehörte im Anschluß an Philippe Ariès [320] zunächst einmal das Kind zu den populären Themen der Forschung, wobei die Auswertung von Bildquellen gelegentlich zu allzu weitreichenden Folgerungen verleitete. Daß nämlich Kinder bis etwa in die Mitte des 18. Jahrhunderts häufig als Erwachsene en miniature dargestellt wurden, ehe dann allmählich naiv-verspielte Kindlichkeit in die Ikonographie Einzug hielt, bedeutete mitnichten, daß Maler wie auch Autoren früherer Zeiten die Eigentümlichkeiten des Kindseins ignoriert hatten und erst das 18. Jahrhundert die Kindheit entdeckte. Wenn die Kinder als kleine Erwachsene porträtiert wurden, dann lediglich deshalb, weil sie „als Standespersonen ... und nicht als Kinder" [337: U. HERRMANN, Aufklärung, 32] gezeigt werden sollten. Daß sich dieser Repräsentationsstil zunehmend auflöste und das Kind mehr oder minder standesneutral in seiner individuellen Lebensphase dargestellt wurde, indiziert allerdings einen Perspektivenwechsel: die Stellvertreterschaft für einen Stand meinte festgelegte, das Lebensalterkonzept offene Zukunft, die zur Herausforderung für Eltern und Erzieher wurde. Was die Gestaltung dieser Zukunft betraf, so war die Ambivalenz der Epoche nachdrücklich in Rousseaus „Emile" (1762) mit der zentralen Botschaft, der Mensch solle sich nicht am Werk der Natur vergreifen, auf den Punkt gebracht worden. Damit war nicht dem Verzicht auf Erziehung und unsoziabler Verwilderung das Wort geredet, sondern vielmehr einer kindgerechten Pädagogik, die nicht mechanisch auf die – allerdings stets im Auge behaltene – bürgerliche Brauchbarkeit drillte, sondern in entwicklungspsychologisch angemessener Weise auf Jugend und Erwachsenendasein vorbereitete. Das Kind sollte gleich einer zarten Pflanze „kultiviert" werden; in Friedrich Fröbels 1840 kreiertem Begriff des Kindergartens kam diese Sichtweise später prägnant zum Ausdruck.

Die angedeutete Ambivalenz zwischen einem als naturgemäß verstandenen kindgerechten Reifungsprozeß und der Notwendigkeit der Vorbereitung auf das bürgerliche Leben setzte sich in den familialen

Entdeckung der Kindheit

Pädagogik vom Kinde aus

Erziehungsauftrag der bürgerlichen Familie

und pädagogischen Leitideen fort. Das harmonische häusliche Zusammenwirken der Eltern, die zwar strenge, aber vor allem auch gütige väterliche Hand, sanfte Mütterlichkeit, die sich dem Kind von der Geburt an widmete, was u. a. in einen breiten Disput über das Stillen durch die Mütter anstelle von Ammen einmündete [463: W. M. FUES, Amme oder Muttermilch, 79 ff.] – damit ist in etwa der an die bürgerliche Familie gestellte Erziehungsauftrag umrissen. Und wo diese ihrer Verantwortung nicht gerecht wurde, stand am Ende eben das in seiner Selbstentfaltung gehemmte Individuum, wie es Karl Philipp Moritz in seinem

Pädagogik des Philanthropismus

psychologischen Roman „Anton Reiser" beschrieben hat. Ihre theoretische Vollendung fand diese Überzeugung von der Erziehbarkeit des Menschen und vom gesellschaftlichen Nutzen einer guten Erziehung in der deutschen Aufklärung im Philanthropismus, der in Johann Bernhard Basedow, Joachim Heinrich Campe, Christian Gotthilf Salzmann und Ernst Christian Trapp seine bedeutendsten Vertreter hatte [337:

Literatur für Kinder

U. HERRMANN, Aufklärung; 342: C. KERSTING]. Begleitet wurde diese pädagogische Diskussion zugleich von einer zunehmend an Vielfalt gewinnenden Kinder- und Jugendliteratur [41: T. BRÜGGEMANN/O. BRUNKEN/H.-H. EWERS; 340: B. HURRELMANN]. Daß hierunter Campes „Robinson"-Bearbeitung zu den Bestsellern zählte, kam nicht von ungefähr. An dem zum Einsiedler wider Willen gewordenen Helden ließ sich zum einen „das vielseitige Glück des gesellschaftlichen Lebens" demonstrieren. Zum anderen wurde die den kindlichen Nachahmungstrieb ansprechende Aufmerksamkeit auf Gegenstände gelenkt, „welche recht eigentlich zu unserer Bestimmung gehören, ich meine – auf Erfindungen und Beschäftigungen zur Befriedigung unserer natürlichen Bedürfnisse" [zit. nach 354: W. PROMIES, 811 ff.]. Der Stoff entsprach somit den beiden zentralen Anliegen der Aufklärungspädagogik: der Erziehung zur Soziabilität und dem nützlichen Unterricht.

Erziehung und Geschlechterdifferenz

Bei der Erlernung der grundlegenden Zivilisationstechniken und der Internalisierung des bürgerlichen Tugendsystems wurden freilich grundlegende Unterschiede zwischen den Geschlechtern gemacht. Gerade dem 18. Jahrhundert kam für die Konstruktion der Geschlechterdifferenz eine Schlüsselstellung zu. Methodische Vorbedingung für deren Erforschung war zunächst einmal die Abkehr von den Haupt- und Staatsaktionen mit ihren im Regelfall männlichen – und wie im Falle Friedrichs II. und Josephs II. misogynen – Protagonisten, ferner die Hinwendung zu einer auf die Analyse gesellschaftlicher Strukturen und des Alltagslebens abgestellten Sozialgeschichte. Daß diese sozialgeschichtliche Neuorientierung dann aber auch tatsächlich für Fragen der Geschlechtergeschichte sensibilisierte, dazu bedurfte es des Impulses der in Deutschland seit den 1970er Jahren an Boden gewinnenden neuen Frauenbewegung. Ergebnis des sich vor diesem Hintergrund entwickelnden Interesses an der Geschichte des eigenen Geschlechts war Frauengeschichte in des Wortes doppelter Bedeutung, insofern es sich um eine Geschichte der Frauen handelte, die mehr oder minder ausschließlich von Frauen geschrieben wurde. Frauengeschichte bedeutete zunächst einmal Spurensicherung. Für das 18. Jahrhundert hieß das, aufzuzeigen, daß eben nicht nur Luise Gottsched oder Sophie von La Roche schrieben und publizierten [321: B. BECKER-CANTARINO; 47: E. FRIEDRICHS; 345: S. KORD, Blick], daß es nicht allein Maria Sybilla Merian oder Angelika Kauffmann [400: B. BAUMGÄRTEL] waren, denen die Kunst der Epoche wichtige Beiträge verdankte, sondern daß es zahlreiche weitere Frauen gab, die sich als bildende Künstlerinnen betätigten oder sich am Musikleben und – vielfach noch anonym oder unter Pseudonym [346: S. KORD, Namen] – am literarischen Markt beteiligten. Verdeutlicht wurde dabei u. a., daß Frauen als Herausgeberinnen und Autorinnen für die seit den 1770er Jahren vermehrt erscheinenden unterhaltenden und belehrenden Frauenzeitschriften aktiv waren [365: U. WECKEL, Häuslichkeit]. Gleichzeitig wurden Bereiche einbezogen, die gemeinhin als ausschließlich männlich besetzt gedacht wurden, indem etwa Leben und Werk der Astronomin Maria Winkelmann oder der als Altphilologin hervorgetretenen Ernestine Christine Reiske untersucht wurden [304: L. SCHIEBINGER; 322: A. BENNHOLDT-THOMSENIA/A. GUZZONI]. Bei diesem durch die Ermittlung und Edition autobiographischer Zeugnisse von Frauen [15: M. HEUSER u. a.] unterfütterten Nachweis, daß das Zeitalter der Aufklärung nicht nur Hausmütter vorzuweisen hatte, galt das Interesse bislang kaum den an die Regeln der absterbenden Adelsgesellschaft des Ancien régime angepaßten oder den an kirchlich-klösterliche Normen gebundenen Frauen des 18. Jahrhunderts, sondern eher jenen, die sich nicht einer scheinbaren Normalität unterordneten. Neben eigenwilligen und kreativen Persönlichkeiten wie Caroline Michaelis (verwitwete Böhmer, geschiedene Schlegel, verheiratete Schelling) oder Rahel Levin (verheiratete Varnhagen), neben den ihrem unbürgerlichen Schauspielerinnenberuf nachgehenden „fahrenden Frauenzimmern" wie Friederike Caroline Neuber oder Karoline Schulze-Kummerfeld [5: I. BUCK] waren es nicht zuletzt sozial auffällig oder straffällig gewordene Frauen, die in den Mittelpunkt von Untersuchungen gestellt wurden. Dies wurde, da nun einmal die Normabweichung eher aktenkundig wird als angepaßtes Verhalten, einerseits durch die Quellenlage begünstigt, andererseits aber auch durch das Anliegen, die gängige Perspektive von der passiven Rolle der Frau zu

Spurensicherung: Frauen des 18. Jahrhunderts

Eigenwillige und Randständige

durchbrechen und den Blick auf aktive weibliche Täterschaft zu rich-
ten. Wenn im Kontext des Interesses u. a. an den Huren [363: O. ULB-
RICHT, Huren, 8] und den Rabenmüttern vor allem die Kindsmörderin-
nen des 18. Jahrhunderts zu einem bevorzugten Thema der Forschung
wurden [350: M. MEUMANN; 364: O. ULBRICHT, Kindsmord], so entsprach dem durchaus eine reale Bedeutung des Themas in seiner Zeit.
Bei seiner Erörterung spielten freilich nicht nur rechts- und sozialrefor-
merische Aspekte eine Rolle. Denn wenn die Kindsmörderin – keineswegs im Einklang mit empirischen Befunden – in den Texten des
18. Jahrhunderts zum beklagenswerten Opfer adeliger Schurkerei stili-
siert wurde, so wurde der Stoff einerseits für die bürgerliche Adels-
kritik instrumentalisiert. Andererseits wurde damit aber auch ein Stück
imaginierter Weiblichkeit inszeniert, das sich die Frau nur als Opfer
männlicher Verführungskunst vorstellen konnte, nicht aber als selbst-
verantwortliche Verursacherin ihrer Malaise.

Geschichte der
Mädchen- und
Frauenbildung

Neben den Unkonventionellen und den Außenseiterinnen fokus-
sierte sich das Interesse der Forschung in einem nächsten Schritt verstärkt aber auch auf jene Bereiche, die das Leben der überwältigenden
Mehrheit der Frauen bestimmten: Bildungserwerb und Familienleben.
Was die mittlerweile in einem Handbuch gebündelte Geschichte der
Frauen- und Mädchenbildung [344: E. KLEINAU/C. OPITZ] betrifft, so
verweist die Tatsache, daß in Deutschland erst seit den 1890er Jahren
vereinzelt Mädchengymnasien gegründet und Frauen in Deutschland
erstmals 1900 in Baden zum Universitätsstudium zugelassen wurden,
insofern ins 18. Jahrhundert zurück, als dieses eben die Formationsphase der verschulten Gesellschaft und des modernen staatlichen Prü-
fungs- und Berechtigungswesens war, das dem Staat seine Beamten
und Ausbilder – Lehrer und Professoren – lieferte. Für die Ausbildung
von Mädchen und Frauen hatte dieser Vorgang zwei Konsequenzen. Erstens korrespondierte mit dem Ausbau des staatlichen Bildungssystems
die Entwertung vorstaatlich-privater Bildungsinstanzen, die gerade
auch für die Mädchen- und Frauenbildung von Bedeutung waren: das
alte Hauslehrersystem ist hier ebenso zu nennen [330: U. FREVERT,
Frauen-Geschichte, 37 f.] wie die durch die Säkularisation von 1803 erheblich eingeschränkte Tätigkeit der weiblichen Lehrorden im katholischen Deutschland [326: A. CONRAD, Lehrorden, 252 ff.]. Zweitens
aber war der den Prozeß der Normierung von Bildungsabschlüssen und
Laufbahnen begleitende Ausbau des höheren Bildungswesens exklusiv

Ausschluß der
Frauen vom höheren
Bildungswesen

auf die Ausbildung von Knaben und jungen Männern zugeschnitten.
Der Gymnasialbesuch für Mädchen bzw. die Errichtung eigener Mädchengymnasien war in der staatlichen Bildungsplanung schlicht nicht

vorgesehen. Spätestens mit der ausgangs des 18. Jahrhunderts beginnenden Einführung staatlicher Reifeprüfungen entfiel damit für junge Frauen die Möglichkeit, die Zulassung zu einer Institution zu erwerben, die ihnen ohnedies nur in Ausnahmefällen offengestanden hatte. Gemeint sind damit die Universitäten, die neben der einen oder anderen *poeta laureata* oder *baccalaureata* mit der Göttinger Professorentochter Dorothea Schlözer und der 1754 in Halle von der medizinischen Fakultät examinierten Dorothea Christiane Erxleben im 18. Jahrhundert immerhin zwei promovierte Frauen vorweisen konnten. Die Umstände der Graduierung verdeutlichen allerdings, daß es sich um nachgerade exotische Sonderfälle handelte: der Zuerkennung des Doktorgrades an Erxleben ging eine königliche Sondergenehmigung voraus, Schlözer verfolgte die sie betreffende Zeremonie von einem Nebenraum aus, weil die Anwesenheit einer unverheirateten Frau bei einer öffentlichen Promotion als unschicklich galt [341: B. KERN/H. KERN; 352: B. NIEMEYER, 286 ff.].

Wenn Christian Thomasius zu Beginn der Aufklärungsepoche mit seiner Feststellung, „Weibes-Personen" seien „der Gelahrtheit so wohl fähig als Manns-Personen" [zit. nach 302: G. SAUDER, Thomasius, 241], zu erkennen gegeben hatte, daß ältere Topoi von einer minderen Denkfähigkeit der Frau endgültig der Vergangenheit angehören sollten, und wenn schließlich Theodor Gottlieb von Hippel in seinem Traktat „Über die bürgerliche Verbesserung der Weiber" (1792) einer Gleichberechtigung der Geschlechter das Wort redete [359: P. SCHMID, 340 ff.], so ist es natürlich von hohem Interesse zu erfahren, wie diesen Stimmen zum Trotze der Ausschluß der Frauen von der sog. gelehrten Bildung begründet wurde. Als der u. a. in der Pädagogik der Philanthropen aufzufindende Schlüssel zum Verständnis des bürgerlichen Weiblichkeitsentwurfs wurde dabei die Vorstellung von einer natürlichen Bestimmung der Frau herausgearbeitet. Aufgabe der Frau als „Energiespender und Garantin des Familienzusammenhaltes" [330: U. FREVERT, Frauen-Geschichte, 20] war es demnach einerseits, sich dem Ehemann unterzuordnen, ihm zu gefallen und häusliche Geborgenheit zu vermitteln. Andererseits sollte sie sich sorgend und zeitintensiv um die Erziehung der Kinder zu tugendhaften und nützlichen Mitgliedern der Gesellschaft kümmern, also jenem Ideal der Mütterlichkeit entsprechen, wie es Johann Heinrich Pestalozzi in seinem Roman „Lienhard und Gertrude" entworfen hatte. Zugeordnet war diesen Aufgaben der ordentlich und ökonomisch zu verwaltende häusliche Wirkungskreis. Teilhabe an den öffentlichen Formen aufklärerischer Sozialität war für Frauen nicht vorgesehen, die ihnen gemäße Form der Geselligkeit

„Natürliche" Bestimmung der Frau

Häuslicher Wirkungskreis der Frau

war das bereits 1715 in einem „Frauenzimmer-Lexikon" als Lemma
auftauchende Kaffeekränzchen oder die Rolle als Gastgeberin im hei-
mischen Wohnzimmer oder Salon [254: P. SEIBERT; 411: P. GRADEN-
WITZ]. Dies alles erforderte nun zwar auf den weiblichen Aufgabenkreis
abgestimmte Kenntnisse, vor allem aber kam es eben auf die Kultivie-
rung der Gemütskräfte an; die gelehrte Frau galt einem Rousseauschen
Diktum zufolge als Geißel des Mannes. Daß sich diese Sicht durchsetzte, besagte zwar nicht, daß sie gut oder richtig war, wohl aber, daß
die dahinterstehende Idee jene Rezeptionsbereitschaft vorfand, die ihr
unter dem Paradigma der Bürgerlichkeit zur Sozialdominanz verhalf.
Daß es nun nicht nur die Männer waren, die die skizzierte Rollenvertei-
lung vertraten, sondern daß sie auch von Frauen offensiv vertreten
wurde, wirkte auf die Frauenforschung zwar bisweilen irritierend. Gerade diese Einsicht aber schärfte den Blick dafür, daß diese Geschlechterordnung im Zeitpunkt ihrer Durchsetzung im bürgerlichen Denken
positiv konnotiert war und daß ihr von beiden Geschlechtern relatio-
nale Funktionalität zuerkannt wurde. Als der gewiß nicht die ganze soziale Realität einfangende [147: M. MAURER, Biographie, 520 f.], weil
primär auf das urbane Milieu bezogene sozioökonomische Hintergrund
wurde hierbei der Trend zur Dissoziation von Erwerbs- und Familienleben [335: K. HAUSEN] ausgemacht. Gemeint ist damit der Vorgang einer zunehmenden Verlagerung der männlichen Berufstätigkeit aus dem
Haus in die Behörde, das Kontor, später den „Betrieb", während die
Frau zu Hause blieb und für Haushaltsführung und Kindererziehung
zuständig war. Der Familienbereich wurde so zu der von Berufsleben
und Erwerbssphäre abgegrenzten Privatsphäre, und der Hausvater alter
Prägung, der dem eventuell Verwandte und Beschäftigte einschließen-
den Haus vorstand, verwandelte sich zum Familienvater.

Konstruktion von   Die Modellierung von Geschlechtscharakteren im Prozeß der For-
Männlichkeit   mierung einer als naturgegeben legitimierten Geschlechterordnung war
und ist ein zentrales Thema der Frauengeschichte. Wenn aber die Historizität weiblichen Rollenverhaltens kenntlich gemacht wurde, so war es
nur konsequent, auch die Komplementärfrage zu stellen, welche Eigenschaften dem Mann nicht von Natur aus am Leib hafteten, sondern auf
diesen geschrieben worden waren. Anders als etwa in den Vereinigten
Staaten, wo im Kontext der Homosexuellenbewegung, aber auch in einer „produktiven Spannung zum Feminismus" [327: M. DINGES, 8], die
„men's studies" seit den späten 1960er Jahren an Gewicht gewonnen
hatten, artikulierte sich in der deutschsprachigen Forschung das Interesse an der Konstruktion und Veränderung männlicher Geschlechter-
rollen relativ spät. Daß hierbei wichtige Impulse und Arbeiten von Hi-

storikerinnen ausgingen [331: U. FREVERT, Männergeschichte, 31 ff.],
ehe dann auch Männer das Thema für sich entdeckten [327: M. DINGES;
347: T. KÜHNE], ist wenig verwunderlich – waren die einschlägigen
Methoden und Fragestellungen doch zunächst einmal von der Frauen-
geschichte entwickelt worden. Hiervon sind zum jetzigen Zeitpunkt
noch längst nicht alle für die Aufklärungsforschung fruchtbar gemacht,
wurde doch beispielsweise die aufgeklärte Soziabilität mehr oder minder ausschließlich unter dem Fragehorizont der Konstituierung einer
zumindest unterschwellig als geschlechtsneutral gedachten bürgerlichen Geselligkeit untersucht, wohingegen die männerbündischen Elemente und ihre Bedeutung für die Konstituierung des bürgerlichen
Männlichkeitskonzeptes bzw. der Geschlechterdifferenz kaum Beachtung fanden. Desgleichen ist die anregende Frage nach dem Transfer
von Männlichkeits- und natürlich auch Weiblichkeitskonzepten ins kol-
lektive Bewußtsein mittels der allegorischen Darstellung abstrakter
Werte und gesellschaftlicher Institutionen durch männliche und weibliche Körperbilder für das 18. Jahrhundert erst partiell behandelt [356:
S. SCHADE u. a.]. Ungeachtet einer für den Augenblick noch defizitären
Forschungssituation läßt sich aber doch nachvollziehen, wie sich im
Jahrhundert der Aufklärung ein Männerbild konturierte, das sich am
Kriterium der Vernünftigkeit, am bürgerlichen Tugendideal und an den
bürgerlichen Rollenzuweisungen orientierte. Alle diese drei zuletzt ge- Einstellung zum
nannten Aspekte tauchten beispielsweise in der bürgerlichen Einstel- Duell als Indikator
lung gegenüber dem Duell auf [329: U. FREVERT, Ehrenmänner, 36ff.], für das bürgerliche
wenn argumentiert wurde, die Verweigerung des in der alten Adelsge- Männlichkeits-
sellschaft wurzelnden Ehrenzweikampfes dürfe nicht als Feigheit aus- konzept
gelegt werden. Vielmehr sei es höchst unvernünftig, Gesundheit oder
Leben einer anachronistischen Konvention zu opfern, die zur Wieder-
herstellung wahrer, d.h. auf Tugend und Leistung gründender Ehre
nichts beitragen könne und die Gefahr in sich berge, daß dem Staat und
den Familien die besten Kräfte entrissen würden.

Konstitutiv für das Männlichkeitskonzept des ausgehenden Ideal des gefühls-
18. Jahrhunderts war es aber auch, daß der Sorge und Verantwortung bewegten Mannes
für die Familie eine „empfindsame" Tönung gegeben wurde. Zwar ent-
fernte sich der Mann im Zuge der Dissoziation von Erwerbs- und Familienleben von den familieninternen Vorgängen [362: A.-C. TREPP, Männerwelten, 31 ff.], aber er hatte diese als guter Vater und Ehemann emo-
tional zu begleiten. Das Ideal inniger Zugewandtheit der Eheleute läßt
sich aus literarischen Äußerungen ebenso herausfiltern wie aus der Ikonographie, wenn beispielsweise die Versklavung des Herkules durch
Omphale nicht mehr als karikierende Umkehr der Geschlechterord-

nung dargestellt wird, sondern als Ausdruck liebevoller Zuwendung, bei der die „Unterwerfung unter eine Frau … nicht mehr als unmännlich" gilt [324: C. BISCHOFF, 174]. Vor allem kam dieses Ideal „sanfter Männlichkeit" [361: A.-C. TREPP, Männlichkeit] auch in der Tatsache zum Ausdruck, daß die Männer weinen. Das für den barocken Helden Undenkbare – in Schillers „Don Carlos" klingt es in dem laut Regieanweisung „betretenen Erstaunen" über einen weinenden König noch nach [367: DAS WEINENDE SAECULUM, 7] – wird nun literaturfähig. Wenn dann in der Literatur der Empfindsamkeit die Tränenströme fließen und wenn Pestalozzi seinem Protagonisten Lienhard gestattet, sich in Gertrudes Schoß auszuweinen, so indizierte dies eine Intimisierung des Zusammenlebens, die es dem Mann erlaubte, im geschützten Binnenraum der Familie Gefühle zu zeigen. Zugleich aber wurde mittels herkuleischer Unterwerfungsgestik und Lienhardscher Empfindsamkeit an die Frau die Botschaft herangetragen, für den Bau des „affektiven Nestes" [248: G. SAUDER, Leser, 12] Sorge zu tragen.

4. Alternativ- und Gegenströmungen

Esoterik im
18. Jahrhundert
Wenn der preußische Schulreformer Friedrich Gedike 1784 in der Berliner Mittwochsgesellschaft pikiert anmerkte, überall wimmele es „von Theosophen und Chiliasten, Rosenkreuzern und Alchimisten, hermetischen Philosophen und Parazelsisten, Geistersehern und Geisterbannern, Inspirierten und apokalyptischen Träumern" [zit. nach 379: N. HINSKE, Aufklärung und Schwärmer, 6], so mag das nach der übertriebenen Besorgnis eines Aufklärers über schwärmerische Umtriebe klingen. Gleichwohl indiziert das Zitat die Existenz von Alternativ- und Gegenströmungen, die in der Forschung der 1960er und 1970er Jahre zwar vereinzelt aufgegriffen [377: H. GRASSL; 242: H. MÖLLER, Aufklärung in Preußen, 443 ff., 386: H. MÖLLER, Gold- und Rosenkreuzer], doch längst nicht mit jener Aufmerksamkeit bedacht wurden wie jene Personen und Themen, die sich in das diskursive Profil der Aufklärung einfügten. Das lag sicherlich auch daran, daß das nach 1945 bzw. in den 1960er Jahren neu erwachte Interesse am 18. Jahrhundert sich eigenem Selbstverständnis nach in der Traditionslinie aufklärerisch-kritischer Diskursivität bewegte, das Spuren seiner eigenen Vergangenheit sicherte. Die Aufklärungsforschung konzentrierte sich mithin primär auf „die gesellschaftliche Entstehungsgeschichte des Vernunftdenkens, in das sich der moderne Wissenschaftler einordnet", und auf die Ge-

schichte „des bürgerlichen Sozialverhaltens, dem er angehört" [389: M.
NEUGEBAUER-WÖLK, Geheimnisse, 19]. Und so wie der Aufklärer des
18. Jahrhunderts sich von den Schwärmern absetzte, klammerte der
Analytiker des späten 20. Jahrhunderts im Regelfall aus, was sich nicht
seinen Forschungsprämissen zuordnen ließ. Vielleicht bedurfte es erst
einer gewissen bilanzierenden Distanz zur Aufklärungsrenaissance, um
dem 18. Jahrhundert zu konzedieren, was sich auch bei seinen späteren
Erforschern keineswegs ausschließen sollte – das Neben- und Ineinan-
der von rationaler Diskursivität, emanzipatorischem Anspruch und Suche nach alternativer Sinngebung.

Für das sich gegen Ende der 1980er Jahre verdichtende Interesse *Ambivalenzen der Aufklärung*
an der „esoterischen Nachtseite" [389: M. NEUGEBAUER-WÖLK, Ge-
heimnisse, 20] der Aufklärung war es dann kennzeichnend, daß sich
dieses nicht nur auf Personen und Gruppen mit einem offenkundig distanzierten Verhältnis zu Rationalität und Aufklärung richtete, wie etwa
Wunderheiler, Magnetiseure, Goldmacher und Rosenkreuzer [371: R.
DARNTON, Mesmerismus; 373: A. EGO; 380: D. KEMPER; 17: K.H. KIE-
FER]. Vielmehr wurde verstärkt das freilich auch in der vorangegangenen Forschung [225: L. HAMMERMAYER, Geschichte] nicht unbekannt
gebliebene Faktum thematisiert, daß Zugewandtheit zur Aufklärung
mit irrationalen Denk- und Verhaltensmustern zusammenfallen konnte,
konkret: daß sich beispielsweise in der Freimaurerei aufklärungsspezifische Trends mit esoterischen Praktiken amalgamierten, die sich auf
altägyptische und antike Weisheitslehren, die Renaissancehermetik und
den Alchimismus des 17. Jahrhunderts gleichermaßen beriefen [388:
M. NEUGEBAUER-WÖLK, Bünde, 10ff.]. Wurde dieses irritierende Ne- *Esoterische Komponente der Freimaurerei*
beneinander von aufgeklärter Sozialität und Esoterik früher bevor-
zugt durch die Differenzierung in eine ältere reguläre, sozusagen auf-
klärungskompatible Freimauerei und eine spätere, sich in immer neuen
Filiationen und Geheimpraktiken verzettelnde Hochgradmaurerei erklärt, so bestand der neue Ansatz darin, die Esoterik von Anfang an als
integrales und für die Abschottung der Logen konstitutives Element zu
akzeptieren. Mit dieser stärkeren Betonung der esoterischen Komponente ging es allerdings nicht darum, „den Grundansatz der Beziehungen zwischen Freimaurerei und moderner bürgerlicher Gesellschaft zu
durchbrechen oder zu negieren" [389: M. NEUGEBAUER-WÖLK, Geheimnisse, 15]. Denn daß sich die esoterische Wahrheitssuche in einer
konfessions- und statusneutralisierenden Atmosphäre der Brüderlichkeit vollzog, war zugleich die Voraussetzung dafür, daß in einer bestimmten historischen Konstellation die Freimaurerei zum Vehikel aufgeklärter Geselligkeit werden konnte.

Frühkonservatismus
und
Gegenaufklärung

Ähnlich wie die Esoterik wurden von der Forschung auch jene Strömungen des ausgehenden 18. Jahrhunderts eher ausgeblendet, von denen sich Verbindungslinien zum Konservatismus des 19. Jahrhunderts ziehen lassen und die mittlerweile – zumindest partiell – unter dem Begriff der Gegenaufklärung zusammengefaßt werden. Erstmals den Blick auf die Frühformen des Konservatismus in der Epoche der Aufklärung gelenkt zu haben, war das Verdienst der bereits 1951 vorgelegten Studie von Fritz Valjavec über die Entstehung der politischen Strömungen in Deutschland nach 1770 [166]. In einer vor allem auf die Spurensicherung fortschrittlicher Impulse bedachten Forschungslandschaft fand dieser Ansatz indes so gut wie keine Nachfolger. Erst 1966 folgte das dann 1973 in deutscher Übersetzung vorliegende voluminöse Werk von Klaus Epstein über die Ursprünge konservativen Denkens in Deutschland [374], dem sich – wiederum mit gehörigem zeitlichen Abstand – Studien von Jörn Garber [375, 376] und Wolfgang Albrecht [70] anschlossen, ehe in einem 1997 vorgelegten Sammelband zur gegenaufklärerischen Publizistik [395: C. WEISS] mit dem schon früh eingeforderten „Mut zum Detail" [166: F. VALJAVEC, Entstehung, 10] die Erschließung der Kämpfer wider den Geist der Aufklärung auf eine umfassendere Basis gestellt wurde.

Rationaler Konservatismus

Von den gegenaufklärerischen Kräften abzuheben ist hier zunächst eine Richtung, die sich in ihrer Zeit durchaus auf dem Boden der Aufklärung befand – im Lichte des nachrevolutionären Egalitarismus dann freilich in das aufklärungsfeindliche Spektrum eingeordnet wurde. Angesprochen ist damit der „rationale Konservatismus" [376: J. GARBER, Theoriemodelle, 341] jener, die Theorieelemente der Aufklärung wie die aus Naturrecht und Vertragstheorie abgeleitete Vorstellung von individuellen Freiheitsrechten aufgriffen – diese aber nicht in Richtung eines bürgerlichen Gleichheitsdenkens und der Idee der Volkssouveränität weiterentwickelten. Indem letztere als Herrschaft des Pöbels perhorresziert wurde, deklarierte man den aufgeklärt-absolutistischen Staat zum optimalen Sachwalter naturgegebener, ständisch abgeschichteter Rechtssubstanz und das damit verbundene Konzept einer Reform von oben zur adäquaten Methode zur Verwirklichung einer gemäßigten Aufklärung. Diese u. a. von dem Hallenser Philosophieprofessor Johann August Eberhard [374: K. EPSTEIN, 317 ff.; 242: H. MÖLLER, Aufklärung in Preußen, 178 ff.; 376: J. GARBER, Theoriemodelle, 340 ff.] entwickelte Versöhnung von Absolutismus und Aufklärung mochte zwar darauf abstellen, den Umsturz zu vermeiden, um wenigstens die Anliegen einer moderaten Aufklärung umzusetzen. Indem dabei aber die politische Unmündigkeit des „gemeinen Haufens" billigend voraus-

gesetzt oder gar instrumentalisiert wurde, zog diese Denkschule den
Vorwurf auf sich, die Aufklärung in ihr Gegenteil zu verkehren.

Von dieser zuletzt skizzierten Form des Monarchismus unter- Altständischer
schieden wurde jene Richtung, die in den durch die Glückseligkeits- Konservatismus
doktrin legitimierten Rationalisierungstendenzen des aufgeklärt-absolutistischen Fürstenstaates das Hauptübel erblickte. Dessen auf einen
nackten Etatismus reduzierte Politik wurde wegen ihres bürokratischen
Zentralismus und der damit einhergehenden Ausschaltung von Zwischengewalten und Sonderrechtsbezirken wie den landständischen
Korporationen oder den berufsständischen Ordnungssystemen als Despotismus kritisiert, der mit seinem Streben nach einem einheitlichen
Untertanenverband den egalisierenden Tendenzen eines sich auf Naturrecht und Vernunft beziehenden Denkens zuarbeite. Daß der Despotismus keine Mannigfaltigkeit zulasse, sondern „alles nach wenig Regeln
zwingen" wolle, das galt als Vergehen am „Plan der Natur" und als un-
zulässiger Eingriff in historisch gewachsene Strukturen: bezogen auf
das Individuum, weil – wie der Leipziger Philosoph Georg Niklas
Brehm 1789 explizierte – die auf die allgemeine Staatsbürgergesellschaft hinzielende Vereinheitlichungspolitik des bürokratischen Monopolstaates die biologischen, sozialen und rechtlichen Verschiedenheiten
negierte; politisch, weil mit der Ausschaltung der Stände ein wichtiges
Korrektiv zum Absolutismus und zur Regierungspraxis ebenso aufgeklärter wie seelenloser Despoten – gemeint waren Friedrich II. und
Joseph II. – entfalle. Prototypisch vorgeformt worden war dieser anti-
egalitäre, auf den historisch gewachsenen hierarchischen Strukturen
beharrende altständische Konservatismus bei Justus Möser [393: J.
SCHRÖDER, Möser], der bereits von Karl Mannheim als Urkonservativer
bezeichnet wurde [385: K. MANNHEIM, 472], weil er sich dem Epochentrend nicht mit einem unreflektierten Traditionalismus, sondern kritisch
argumentierend entgegenstemmte. Weitergeführt wurde diese Richtung
durch die sog. Hannöversche Schule [374: K. EPSTEIN, 633 ff.], die neben Ernst Brandes vor allem in August Wilhelm Rehberg ihren führenden Vertreter hatte, der den Ständestaat als Gegenentwurf zur revolutio-
när begründeten Herrschaft des Pöbels bejahte, zugleich aber einer be-
hutsamen Modernisierung des Ständewesens durch stärkere Repräsen-
tation der Bürger, gegebenenfalls auch der Bauern, das Wort redete.

Innerhalb dieser im Spannungsfeld von bürokratischem Zentralis- Religiöse Zirkel
mus und altständischer Libertät angesiedelten Diskussion spielten religiöse Fragen, die ansonsten ja ein Lieblingsthema der deutschen Aufklärung waren, eine nur beiläufige Rolle. Eine um so prominentere Position nahm sie hingegen bei einigen Zirkeln ein, die sich am Ende des

18. Jahrhunderts innerhalb beider Konfessionen formierten. Verwiesen wurde hierbei auf Kreise wie die katholische Münsteraner „Familia sacra" um die Fürstin Gallitzin [394: S. SUDHOFF] oder den Emkendorfener Kreis um den schleswig-holsteinischen Adeligen Friedrich von Reventlow auf protestantischer Seite, die im Gegensatz zur rationalistisch-utilitaristischen Religionsauffassung der Aufklärung eine verinnerlichte und die Gemütskräfte mobilisierende Religiosität lebten. Es handelte sich bei diesen Zirkeln sozusagen um die Stillen im Lande, da sie publizistisch so gut wie nicht in Erscheinung traten – sehr im Ge-

Obskurantismus und Kritik an Politisierung der Aufklärung

gensatz zu jenen Gruppierungen, die in ihrer Epoche von den Aufklärern als „Obscuranten" apostrophiert wurden und in denen die Forschung die eigentlichen Exponenten der Gegenaufklärung ermittelte. Wenn deren Hochkonjunktur in die Phase nach dem Ausbruch der Französischen Revolution fiel, darf freilich nicht übersehen werden, daß diese antirevolutionär-gegenaufklärerische Publizistik auf einer recht gut aufgearbeiteten [70: W. ALBRECHT, Aufklärung; 113: H. BÖDEKER, Aufklärung als Politisierung] Diskussion über die Gefahren einer Politisierung der Aufklärung aufruhte, die schon vor 1789 – zumal nach Dekuvrierung der Illuminaten – von der Prämisse ausgegangen war, daß das kritische Potential einer „falschen" Aufklärung die Treue zu den Institutionen auflöse.

Exjesuiten und Gegenaufklärung

In dieser Sicht der Dinge bestätigt fühlte sich im katholischen Deutschland in der postrevolutionären Phase die erst in jüngerer Zeit intensiver erforschte Gruppe der Exjesuiten, die sich seit der zweiten Hälfte der 1770er Jahre, beginnend etwa mit dem 1776 erstmals erscheinenden „Religions-Journal" Hermann Goldhagens [372: F. DUMONT, 35 ff.], formiert hatte. Neben Goldhagen in Mainz, François-Xavier de Feller in Lüttich und Luxemburg, dem u. a. in Turin und Wien aktiven Joseph Nikolaus Albert von Dießbach oder Felix Franz Hofstätter in Wien [384: W. KRIEGLEDER, 245 ff.] waren es vor allem die Augsburger Exjesuiten um Alois Merz und den Schweizer Joseph Anton Weissenbach [392: M. SCHAICH, 77 ff.], die mit ihren Zeitschriften und Publikationen zum wichtigsten Sprachrohr der exjesuitischen Gegenaufklärung wurden. Das hinter den zahlreichen Publikationen stehende Programm war so schlicht wie stringent. Aufklärung wurde gleichgesetzt mit Überbildung des Volkes, Anleitung zum politischen Räsonnement, Religionszersetzung, Zügellosigkeit und Neuerungssucht, die letztlich zum Sturz von Thron und Altar und damit zur Zerstörung der gottgewollten Ordnung führen mußten. Vorgetragen wurde das alles in einem scharfen, auch vor persönlichen Verunglimpfungen nicht zurückscheuenden Ton, der im Laufe der 1790er Jahre zunehmend schriller ausfiel. Im selben Zeitraum verbreiterte sich zugleich die personelle Basis der Gegenaufklärung über den Kreis der Exjesuiten hinaus. Hervorhebung verdient hier vor allem Leopold Alois Hoffmann, der vor dem Hintergrund jakobinischer Umtriebe in Wien in enger Abstimmung mit Kaiser Leopold II. agierte und mit der 1792 erschienenen „Wiener Zeitschrift" die öffentliche Meinung im gegenaufklärerischen Sinne zu beeinflussen versuchte [390: H. REINALTER, „Tollwuth", 221 ff.].

Gegenrevolutionäre Publizistik: Die Wiener Zeitschrift

Ihr Pendant im protestantischen Reichsteil hatten die Exjesuiten in Persönlichkeiten wie dem Darmstädter Konsistorialrat Johann August Starck [383: W. KREUTZ, 269 ff.], dem Sachsen-Weimarischen Regierungsbeamten Ernst August Anton von Göchhausen [368: W. ALBRECHT, Biedermannsposen, 155 ff.] oder dem in Gießen tätigen Ludwig Adolf Christian von Grolman. Alle drei hatten, wie im übrigen auch der Wiener Hoffmann, in der Vergangenheit teilweise intensive Kontakte zur Freimaurerei und geheimen Gesellschaften gepflegt, um dann in den 80er und 90er Jahren mit dem fanatischen Eifer der Renegaten, denen die Morgenröte der Zukunft zum Feuerschein des die Vergangenheit einäschernden Weltenbrandes mutiert war, gegen die Aufklärung zu Felde zu ziehen. Publizistisches Zentrum dieser Aktivitäten wurde die dem ganzen Personenkreis den Namen gebende Zeitschrift „Eudämonia" (1795–98) [370: M. BRAUBACH, Eudämonia]. Deren ideeller Kern war die bereits in den 1780er Jahren angebrütete, im nachrevolutionären Jahrzehnt dann weitergesponnene Komplott-Theorie, der zufolge ein im wesentlichen mit dem Illuminatenbund identischer, international agierender harter Kern von Verschwörern am Sturz von Thron und Altar gearbeitet habe [391: J. ROGALLA VON BIEBERSTEIN]. Mit dieser Verschwörungstheorie wurde zugleich der Bogen zur süddeutsch-katholischen Gegenaufklärung geschlagen, wo sich gerade die Exjesuiten in besonderer Weise für verschwörungstheoretische Erklärungsmodelle anfällig zeigten. Mit dem in Verbindung zu den deutschen Gegenaufklärern stehenden Auguste Barruel war es dann ein französischer Exjesuit, der mit seinem zu den politischen Bestsellern der Zeit zählenden und in alle wichtigen europäischen Sprachen übersetzten „Mémoires pour servir à l'histoire du Jacobinisme" (1797/98) der Komplott-Theorie zu internationaler Popularität verhalf.

Protestantische Gegenaufklärung

Eudämonisten

Komplott-Theorie

Daß die Leugnung kontingenter gesellschaftlicher und politischer Faktoren, die absolute Planbarkeit geschichtlicher Prozesse durch eine kleine, aber entschlossene Gruppe von Verschwörern eine ahistorische Weltsicht ist, braucht nicht betont zu werden. Das war freilich weder ein Hinderungsgrund, daß dieses manichäische Weltbild, das nur die

Kampf um die öffentliche Meinung

Guten und die Bösen kennt, in späterer Zeit politisch instrumentalisiert wurde, noch darf dies dazu verleiten, die Gegenaufklärung des späten 18. Jahrhunderts zu vernachlässigen. Denn wenn auch ihre leitende Idee nicht stimmig war, so bewegte sie sich doch methodisch auf der Höhe der Zeit, indem sie die Waffen des Gegners durch deren Adaption stumpf zu machen versuchte. Kontakte zwischen Exjesuiten, Eudämonisten und dem gegenaufklärerischen Wiener Kreis standen für eine Vernetzung, die ja gerade der feindlichen Internationale der Verschwörer unterstellt wurde. In die selbe Richtung weisen geheimbündlerische Tendenzen bei den Eudämonisten oder der dem Kaiser von Hoffmann unterbreitete Vorschlag zur Gründung einer gegenaufklärerischen Geheimgesellschaft. Vor allem setzte man nicht ausschließlich auf die Karte staatlicher Restriktionen und diente den deutschen Fürsten nicht nur die Verschärfung der Zensur, scharfe Kontrolle der Universitäten oder das Verbot geheimer Verbindungen an. Vielmehr zeigte die sich in diversen Zeitschriftenprojekten niederschlagende publizistische Offensive, daß die Gegenaufklärer den Kampf um eine die traditionellen Bildungs- und Standesgrenzen überwölbende „kooperative 'öffentliche Meinung'" [232: A. HOFMEISTER-HUNGER, 197] aufnahmen. Das beinhaltete auch den Kampf um die Begriffe. Daß die Eudämonisten einen Zentralbegriff der Aufklärung usurpierten, steht ebenso für die Entwicklung einer neuen politischen Semantik wie umgekehrt die geschickte Wendung der Lichtmetapher [106: H. STUKE, 247 ff.] durch die

Entstehung politi- Aufklärer, die von ihren Gegnern als der „Obscurantenpartei" spra-
scher Strömungen chen. Über dieses vielschichtige Problem der Entstehung bipolarer politischer Strömungen wissen wir durch die erwähnten neueren Arbeiten zur Gegenaufklärung wesentlich besser Bescheid als noch vor einigen Jahren [382: H.-C. KRAUS]. Nachdem der Frage nach den inhaltlichen und personellen Kontinuitäten zum Konservatismus und Liberalismus des 19. Jahrhunderts bislang eher in Überblicksdarstellungen [121: E. FEHRENBACH, Adel] und einigen Spezialstudien nachgegangen wurde [245: T. NIPPERDEY; 122: E. FEHRENBACH, Bürgertum], bleibt freilich noch genügend Raum für weitere Detailstudien.

5. Die Aufklärung als Kunstepoche

Aufklärung als Das Zeitalter der Aufklärung wird im Regelfall nicht eben mit künstle-
Kunstepoche? rischer Hochspannung gleichgesetzt. Eingespannt zwischen Barock, Klassik und Romantik gilt sie als Epoche des Übergangs, aus der ge-

rade einmal der erhobene Zeigefinger der Botschafter der Tugend herausragt. Dieses Klischee verdankt sich nicht zuletzt einer Fokussierung auf die vor der Jahrhundertmitte entstandene Literaturproduktion, die im Banne der Regelpoetik des Leipziger Professors Johann Christoph Gottsched [408: D. DÖRING, Gottsched] stand. Deren Rezeptur – man nehme einen lehrreichen moralischen Satz und ersinne hierzu eine Begebenheit, mittels derer der erwählte Lehrsatz sinnfällig werde – sowie das Postulat einer am empirisch Möglichen und Wahrscheinlichen orientierten Naturnachahmung verloren freilich seit den 1740er Jahren rapide an Einfluß und wurden im sog. Zürich-Leipziger Literaturstreit von Bodmer und Breitinger als ein die dichterische Imagination und Innovationskraft einschnürendes Regelwerk empfunden. Mit der Kritik am didaktischen Rigorismus und poetologischen Purismus Gottscheds deutete sich der Übergang zu einer ästhetisch raffinierteren Vorgehensweise an. Mit der Zielsetzung, die Gemütskräfte anzusprechen und die Rezipienten zum Mitfühlen und Mitleiden zu disponieren – denn der mitleidigste ist ja nach Lessing der „zu allen gesellschaftlichen Tugenden … aufgelegteste", mithin der beste Mensch –, stand die moralische Funktionalität der Kunst gleichwohl weiterhin außer Frage. Die ihr zugedachte Aufgabe war es, die zum soziablen Umgang qualifizierenden psychischen Energien zu fördern. Indem – wie es Sulzer in seiner „Theorie der Schönen Künste" (1771) formulierte – die Kunst das lebhafte Gefühl für das Schöne und Gute und Abneigung gegen das Häßliche und Böse erweckte, war sie das für die wahre Glückseligkeit erforderliche affektive Komplement zur rationalen Wissenschaftskultur und effizienten Lebensbewältigung.

Den Überlegungen einer indirekten Beeinflussung der Gemütskräfte war die Einsicht in die psychische Disponibilität des Menschen zugeordnet. Die Ästhetik – mit dem Erscheinen von Baumgartens „Aesthetica" (1750) hatte die neue Disziplin ihren Namen [3: A.G. BAUMGARTEN; 308: M. SCHLOEMANN] – als die Wissenschaft von der sinnlichen Erkenntnis stand deshalb von Anfang an in engem Schulterschluß mit der sich gleichzeitig entfaltenden empirischen Psychologie, der es ja auch wesentlich um die Aufhellung von Perzeptionsprozessen ging. Inwieweit menschliche Empfindungen durch äußere Einflüsse oder immanente psychische Energien gesteuert wurden bzw. wie äußere und innere Impulse zusammenwirkten, war das zentrale Thema der sog. Erfahrungsseelenkunde. Ausgerechnet die Seele kam dann allerdings in einem weiteren Schritt sozusagen abhanden, indem der Psychologisierung des Menschen dessen Naturalisierung bzw. Physiologisierung folgte. Angesprochen sind damit die Fortschritte der Medizin

Wirkungsästhetik und Psychologie

des 18. Jahrhunderts, die das Nervensystem als Steuerungsinstanz in den Mittelpunkt stellten und zugleich Einsichten in das Zusammenspiel von Körper und „Geist", in psychosomatische Prozesse, anbahnten. Der Mediziner war es somit, der dem Philosophen und schon gar dem Theologen den Rang ablief und die Kompetenz an sich zog, den „ganzen Menschen" [424: H.-J. SCHINGS, Ganze Mensch] im Zusammenspiel von seelischer und leiblicher Befindlichkeit zu erklären. Die Anthropologie wurde die Disziplin, mit der die sog. philosophischen Ärzte wie Johann Georg Zimmermann das neue Menschenbild propagierten und popularisierten [26: H. SCHOTT]. Zugleich fand, indem die Seele zum Nervenbündel wurde, die „materialistische Irritation" [96: W. RIEDEL, 109] Eingang in Denken und Kunst der deutschen Spätaufklärung.

Interesse an der „wilden Seele"

In dem Maße, in dem sich der naturalistische Blick auf den Menschen durchsetzte, wurde man zugleich gewahr, daß sich die menschliche Psyche nicht gänzlich domestizieren ließ. Vielmehr wurde der Blick geschärft für deren „wilde" Seiten, und es wuchs die Einsicht, daß sich diese nicht simpel einer in den Kontext von Vernunft und Moral eingebetteten sozialpsychologischen Energetik dienstbar machen läßt. Der von Leidenschaften hin und her gerissene und schwankende Mensch wurde so zum Thema, und gerade dem Künstler war es gegeben, diese Gefühlskämpfe zur Anschauung zu bringen; hierin wurzelte u. a. die die Stürmer und Dränger beflügelnde Shakespeare-Begeisterung. Zugleich führte das Bestreben, zu einer naturalistischen Menschenkenntnis zu gelangen, zu einer Beschäftigung mit dem von der Norm abweichenden Verhalten. So wie der Arzt in aller Regel durch das Studium der Krankheit zu medizinischer Erkenntnis gelangte und Wege der Heilung fand, so wollte man eben auch durch das Studium der kranken Seele vertiefte Einsicht in die im Menschen wirkenden Kräfte gewinnen. So gesehen ist es nur vordergründig paradox, daß sich ausgerechnet die der Glückseligkeitsdoktrin verpflichtete Aufklärungsepoche intensiv mit den Melancholikern und den Manischen befaßte [306: H.-J. SCHINGS, Melancholie]. Karl Philipp Moritz, der ein „Magazin für Erfahrungsseelenkunde" herausgab und mit dem „Anton Reiser" den Entwicklungsroman der melancholischen Seele schrieb, ist nur ein prominentes Beispiel für das enge Zusammenspiel von Psychologie und Literatur bzw. Kunst [293: L. MÜLLER].

Was zuletzt im kursorischen Überblick dargestellt wurde, ist Widerspiegelung und Ergebnis einer vor allem in der Germanistik seit den 1970er Jahren konsequent vorangetriebenen Anthropologisierung [Vgl. II.1, S. 75 f.], die nicht nur die gattungs- und werkgeschichtlichen

Forschungen der klassischen Literaturgeschichte ergänzte, sondern auch deren nach Funktion und Diffusion von Literatur, nach Selbstverständnis und Wirkungsmöglichkeiten der Autoren fragende sozialgeschichtliche Richtung. Im Zusammenspiel dieser Komponenten war ein Ensemble von Fragestellungen entwickelt, das auch von der Kunst- und Musikgeschichte mit Gewinn eingesetzt werden konnte. Daß dies gegenüber der Germanistik mit unverkennbarer zeitlicher Verzögerung geschah, wird beispielsweise durch die Tatsache erhellt, daß die bildende Kunst der Aufklärung [416: G. LAMMEL] erstmals 1999 Gegenstand einer umfassenden Ausstellung war [402: H. BECK].

Wenn sich die Forschung zur bildenden Kunst des 18. Jahrhunderts nicht zuletzt auf die Buchillustration [419: H. MEIER] konzentrierte, so hatte das mehrere Gründe. Einmal war es der künstlerische Aufschwung, den die Buchgraphik des 18. Jahrhunderts, die in Daniel Chodowiecki [409: W. GEISMEIER] ihren bedeutendsten Vertreter hatte, im Gefolge der expandierenden Buchproduktion nahm. Zum anderen spiegelte sich in der Buchillustration wie im übrigen teilweise auch in der Malerei [406: W. BUSCH, Materie, 401 ff.] der auf die Popularisierung wissenschaftlicher Einsichten abzielende didaktische Grundzug der Epoche wider. Und schließlich eröffnete erstere neue künstlerische Freiheiten. Denn so wie sich die Literatur des frühen 18. Jahrhunderts noch an die Regeln der Normpoetik zu halten hatte, galt ja auch für die Malerei eine Hierarchie der Stilstufen, innerhalb derer bestimmte Themenvorgaben und darstellerische Regeln zu beachten waren. Gerade weil die Buchgraphik als untergeordnete Kunstform galt, war es hier dem Künstler am ehesten möglich, sich von den Normen des hohen Stils zu lösen. Exemplifiziert wurde dies an Bernhard Rodes Illustrationen zu Johann Matthias Schröckhs „Weltgeschichte für Kinder" (1779 ff.), die in Analogie zur pragmatischen Geschichtsauffassung eine historische Realistik anstrebten, die im Regelwerk nicht vorgesehen war [404: F. BÜTTNER; 416: G. LAMMEL, 79 ff.].

Doch auch dort, wo sich die Historienmalerei an den hohen Stil hielt und ein dem Genre angemessenes Thema bevorzugt aus der antiken Geschichte ins Bild setzte, ließen sich durchaus die der Aufklärung wichtigen Anliegen transportieren. Ein schönes Beispiel sind die sich in der zweiten Hälfte des 18. Jahrhunderts häufenden Darstellungen Cornelias, Mutter der Gracchen [416: G. LAMMEL, 54 ff.]. Das Thema – Cornelia lehnt das Angebot einer reichen Frau, ihre beiden Söhne gegen teuren Schmuck herzugeben, mit dem Hinweis ab, die Kinder seien ihre schönste Zierde – entsprach nicht nur im Hinblick auf die Tugendhaftigkeit der Mutter dem Zeitgeschmack. Überdies zeitigte die Mutter-

Buchillustration der Aufklärung

Themen der Aufklärung im Bild

liebe die schönsten Früchte, weil aus den Knaben wurde, was dem aufgeklärten Säkulum gefiel: als Agrarreformer versuchten sie, das harte Los der Bauern zu lindern. Die Botschaft der Aufklärung wurde freilich nicht nur im antiken Gewande, sondern auch in einer zumindest für den heutigen Betrachter unverschlüsselteren Form vermittelt. Zu denken ist etwa an eine ganze Reihe von Herrscherporträts des 18. Jahrhunderts, die die Anpassung des Fürstenethos an das leistungsorientierte Denken des Bürgers signalisierten; die Darstellungen Friedrichs II., der in schlichter Uniform im Gestus der Ehrerbietung den Hut zieht [416: G. LAMMEL, 195], oder Kaiser Josephs II. hinterm Pflug [154: ÖSTERREICH ZUR ZEIT KAISER JOSEPHS II., 277] wurden als Beispiele für eine betont unhöfische Darstellung des Fürsten gewürdigt. Die Botschaft der Aufklärung wurde im Bildschaffen des 18. Jahrhunderts schließlich auch an eher unvermuteter Stelle gefunden. So gingen beispielsweise Themen der Profangeschichte, aber auch die Idee der natürlichen Theologie und das Kirchenverständnis der katholischen Aufklärung in die Ausgestaltung von Sakralbauten ein, wie an den Deckengemälden von Franz Anton Maulbertsch im Philosophischen Saal des Klosters Strahov bei Prag gezeigt wurde [420: K. MÖSENEDER].

Wenn mit Blick auf die Literatur davon die Rede war, daß der zur fühlenden Anteilnahme fähige Mensch das Erziehungsziel der Aufklärung war, so läßt sich diese Tendenz auch in der Ikonographie der Epoche beobachten. Eindringlich aufgezeigt wurde das an Chodowieckis Gemälde „Der Abschied des Calas von seiner Familie" (1767) [405: W. BUSCH, Chodowiecki, 315 ff.], das den Fall des protestantischen Tuchhändlers Jean Calas thematisiert, dem der Suizid des ältesten Sohnes als vertuschter Mord angelastet wurde und der ungeachtet aller Unschuldsbeteuerungen im Zusammenspiel von katholischer Kirche und ständischem Gerichtshof zum Tode verurteilt und 1762 hingerichtet wurde; drei Jahre später mußte das aus religiöser Intoleranz resultierende Fehlurteil aufgrund einer von Voltaire betriebenen Rehabilitierungskampagne aufgehoben werden. Wenn Chodowiecki diesen aufsehenerregenden Fall aufgriff – und dabei im übrigen das auf klassische Themen fixierte Genre der Historienmalerei der Zeitgeschichte öffnete –, so war allein dadurch schon der Bezug zu einem zentralen Anliegen der Aufklärung hergestellt. Seine Signifikanz im Kontext der bürgerlichen Gefühlskultur gewann das Bild aber auch durch die Szenenwahl und ihre Umsetzung. Die auf die Weckung starken Mitgefühls angelegte Darstellung, wie Calas verhaftet und seiner Familie entrissen wird, machte Chodowieckis Bild zu einem Paradebeispiel für das bürgerliche Rührstück des 18. Jahrhunderts. Dazu kommt noch, daß sich

Unhöfische Darstellung von Fürsten

Malerei und Gefühlskultur

an den ins helle Bildzentrum gerückten Gesichtern von Calas und seiner ältesten Tochter der seelische Schmerz über das an der Familie vollzogene Zerstörungswerk ablesen läßt. Der moralisierenden Wirkungsästhetik ist damit auch hier wieder das Interesse des Künstlers an seelischen Prozessen und ihrer Darstellbarkeit zugeordnet. Ausdruck dessen waren auch die in Mode kommenden Brust- und Kopfstücke, die in der Konzentration auf das Gesicht die geistige und psychische Tiefe der Porträtierten sichtbar machen wollten. Vor allem Anton Graff, aufgrund seiner zahlreichen Bilder von Vertretern der aufgeklärten Intelligenz nachgerade der Porträtist des geistigen Deutschland, stand für diese Entwicklung.

Psychologisierung der Darstellung

Dieser das künstlerische Schaffen des 18. Jahrhunderts durchziehende Trend zur Introspektion konnte gerade auch für die in jüngerer Zeit intensiver erforschte musikalische Entwicklung [401: G. BIMBERG; 425: P. SCHLEUNING] nicht folgenlos bleiben, war doch die im Zeitpunkt ihrer Aufführung verhallende und sich beliebig wiederholbarer kritischer Prüfung, „rationalistischem Raisonnement", entziehende Musik [410: A. GERHARD, 46 ff.; 418: L. LÜTTEKEN] die Kunstform, die primär die Affekte ansprach. Unter diesem wirkungsästhetischen Gesichtspunkt wurde die Ablösung der Polyphonie mit ihrem nun als künstlich und gelehrt geltenden Gefüge mehrerer eigenwertiger, selbständig verlaufender Stimmen durch ein homophones Klangbild als entscheidende Voraussetzung für einen die Gefühle ansprechenden musikalischen Expressivstil betont. Für das Orchester bedeutete das die Homogenisierung der Einzelgruppen zu einem Klangkörper, in dem die Aufteilung in Soli und Tutti aufgelöst, der Gegensatz von Forte und Piano abgeschwächt und durch Zwischenstufen – dem entspannenden Diminuendo und dem aufpeitschenden Crescendo – modifiziert wurde; vor allem letzteres sorgte bei einem für Empfindungen aufgeschlossenen Publikum für Sensation. Wenn damit die Sinfonie seit der Mitte des 18. Jahrhunderts aus ihrer ursprünglich dienenden Funktion als Ouvertüre zur Oper herauswuchs, so läßt das auch Rückschlüsse auf den Stellenwert der letzteren zu [399: T. BAUMAN]. Als höfische Kunstform per se galt diese den Trägerschichten der Aufklärung zumindest als reformbedürftig. Die Integration volkstümlicher Musik- und Theaterelemente und stärker dem Alltag entlehnter Motive und Personen deutete einmal die allmähliche Überwindung der Hofoper alten Stils an. Eine Vorreiterfunktion kam dabei vor allem der italienischen *Opera buffa* zu, deren Rezeption in Frankreich 1752 heftige Kontroversen auslöste, wobei im sog. Buffonisten-Streit die ästhetischen Gegensätze ziemlich exakt auch die intellektuelle und politische

Künstlerische Introspektion und Musik

Sinfonie und musikalischer Expressivstil

Reform der Oper

Trennungslinie zwischen Traditionalisten und Aufklärern widerspiegelten. In Deutschland war die Opernreform dann in erster Linie mit dem Namen Christoph Willibald Gluck verbunden. Wenn dieser Gestalten aus der antiken Mythologie in Szene setzte, dann waren dies keine allegorischen Figuren, sondern reale Menschen, an deren Schicksal sich die Gültigkeit allgemeinmenschlicher Ideale, sei es Treue oder Liebe, darstellen ließ.

Oratorium und Wandel der Aufführungspraxis

In besonderer Weise war hierfür allerdings das Oratorium als das bevorzugte Musikdrama der Aufklärungsepoche geeignet. Durch die Wahl eines biblischen Stoffes die Herkunft aus dem geistlichen Bereich nicht leugnend, bot das nicht auf die Regeln der *Opera seria* und das Fürstenlob fixierte Oratorium die Chance, Allgemeinmenschliches in Szene zu setzen und an seinen Helden die Kraft sittlich-humanitärer Ideale zu demonstrieren. Händels seit den 1730er Jahren in England aufgeführte Oratorien stehen für diese Entwicklung, und daß sie nicht im kirchlichen Raum, sondern in Theatern und Konzertsälen vor zahlendem Publikum aufgeführt wurden, spricht für die Akzeptanz der Gattung in nicht-höfischen Kreisen. Gleichwohl wurde der Zusammenhang mit dem ursprünglich frommen Ort des Oratoriums durchaus gewahrt. Untersuchungen zur Aufführungspraxis zeigten nämlich, daß Oratorien auffallend häufig in Benefizveranstaltungen zugunsten etwa von Findelkindern oder Armen aufgeführt wurden [427: E. WANGERMANN, Ethik]. Das Oratorium war so gesehen auch ein Appell an das soziale Gewissen und an die Tugendhaftigkeit des Publikums.

Entstehung eines kommerziellen Musikbetriebs

Die Aufführung von Sinfonien oder die Verlagerung des Oratoriums in den Konzertsaal war natürlich an die entscheidende Voraussetzung des Vorhandenseins eines interessierten zahlenden Publikums gebunden. Aus sozialgeschichtlicher Perspektive wurde deshalb das Entstehen eines vom Musikleben des Hofes, der Kirche oder der städtischen Magistrate unabhängigen Musikbetriebs betont [401: G. BIMBERG]. Waren es zunächst noch die privaten *Collegia musica* gewesen, wie sie Georg Philipp Telemann in Leipzig (1701), Frankfurt (1713) und Hamburg (1721) gegründet hatte [411: P. GRADENWITZ], so wurde deren Rahmen rasch gesprengt. In den größeren Städten ging man dazu über, Säle für Orchesteraufführungen anzumieten; symptomatisch war hierfür u. a. die Leipziger Entwicklung, wo das 1743 gegründete Große Konzert im Gewandhaus eine dauerhafte Bleibe fand. Für den durch eine wachsende Zahl von Musikzeitschriften und musikalischer Anleitungsliteratur sich ausweitenden Kreis der Kenner und Liebhaber wurde Musik so zu einem geselligen Ereignis. Zugleich aber trugen die affektiven Qualitäten der Musik zur Veredelung des Gefühlslebens bei, und der von der Sphäre des Berufslebens abgeschirmte Gang ins Konzert wurde zum Bildungserlebnis.

Zu dieser Funktionalisierung des Kunstgenusses, die auch dem Müßiggang seine nützliche Bedeutung gab, gehörte es, daß sich der Musikliebhaber, ja der Kunstrezipient allgemein, innerlich sammelte und auf das Kunstwerk konzentrierte. Der Kenner, so wollte es dann auch die Redensart, genießt und schweigt – eine Einstellung, die über die Körpersprache der Umwelt zu vermitteln war, wie mit Chodowieckis Stichserie „Natürliche und affektierte Handlungen des Lebens" (1778) demonstriert wurde [405: W. BUSCH, Chodowiecki, 315 ff.]. In zwei komplementären Blättern stehen einmal zwei Höflinge parlierend und gestikulierend vor einer Statue, im anderen Fall sind es zwei Bürger, die sich schweigend in die Betrachtung des Kunstwerks vertiefen. Die Statue dankt es den beiden bürgerlichen Kennern mit feinem Lächeln. Daß es sich dabei um eine Verkörperung der Flora handelte, die vom Geäst eines Baumes überschattet wird, verweist zugleich auf ein Umfeld, das wie kein zweites zur habituellen Natürlichkeit der bürgerlichen Kunstgenießer paßte. Angesprochen ist damit der sich im 18. Jahrhundert verändernde Blick auf die vom Menschen gestaltete Landschaft [428: H. WUNDERLICH] und die etwa seit der Mitte des 18. Jahrhunderts zu beobachtende Abkehr von den Gärten im französischen Stil, die, „durch hohe Mauern eingeschlossen, durch grade Hekkenwände verunstaltet, durch verstümmelte Bäume entschattet, und durch trübes und stehendes Wasser ungesund gemacht" [zit. nach 422: M.-L. PLESSEN, 12; 417: I. LAUTERBACH], den Gartenkünstlern der Aufklärung Ausweis denaturierten höfischen Lebens waren. Wenn der englische Garten, für den das Wörlitzer „Gartenreich" im kleinen Fürstentum Anhalt-Dessau ein herausragendes Beispiel ist [397: R. ALEX/P. KÜHN], zum Gegenentwurf wurde, so konnte freilich manche dem neuen Stil verpflichtete Anlage ihre historische Prägung nicht verbergen. Das zeigen Karten jener Landschaftsgärten, bei denen es sich wie bei der Kasseler Wilhelmshöhe um Umwandlungen französischer Gärten handelt [407: A. v. BUTTLAR, 186]. Unter dem gewundenen Netz der Wege und Bachläufe ist immer noch die geometrische Ornamentik der höfischen Anlage sichtbar. Die Vertreter der neuen Natürlichkeit wandelten auf jenen Zivilisationsschneisen, die von einer Vergangenheit geschlagen worden waren, die von der Aufklärung zwar kritisch reflektiert, aber nicht aufgehoben werden konnte. Daneben verweist die Tatsache, daß das naturwüchsige Ambiente in dem historischen Augenblick konstruiert wurde, in dem die Ersetzung der Naturkräfte durch die künstliche Kraft feuer- und dampfgetriebener Maschinen Konturen an-

Kunstgenuß und Muße

Natürlichkeit und Gartenkunst

zunehmen begann, auf eine Antinomie, die auch zum Erbe der Aufklärung zählt.

III. Quellen und Literatur

Die Abkürzungen entsprechen den Siglen der Historischen Zeitschrift.

1. Quellen

1. E. BAHR (Hrsg.), Was ist Aufklärung. Kant, Herder, Hamann, Herder, Lessing, Mendelssohn, Riem, Schiller, Wieland. Stuttgart 1996.
2. O. BARDONG (Hrsg.), Friedrich der Große. Darmstadt 1982.
3. A. G. BAUMGARTEN, Theoretische Ästhetik. Die grundlegenden Abschnitte aus der „Aesthetica" (1750/58), hrsg. von H. R. SCHWEIZER. Hamburg 1983.
4. H.W. BLANKE/D. FLEISCHER (Hrsg.), Theoretiker der deutschen Aufklärungshistorie, Bd. 1: Die theoretische Begründung der Geschichte als Fachwissenschaft. Bd. 2: Elemente der Aufklärungshistorik. Stuttgart/Bad Cannstatt 1990.
5. I. BUCK (Hrsg.), Ein fahrendes Frauenzimmer. Die Lebenserinnerungen der Komödiantin Karoline Schulze-Kummerfeld 1745–1815. Berlin 1988.
6. H. DIPPEL (Hrsg.), Die Anfänge des Konstitutionalismus in Deutschland. Texte deutscher Verfassungsentwürfe am Ende des 18. Jahrhunderts. Frankfurt a.M. 1991.
7. W. DOTZAUER (Hrsg.), Quellen zur Geschichte der deutschen Freimaurerei im 18. Jahrhundert unter besonderer Berücksichtigung des Systems der Strikten Observanz. Frankfurt a.M. 1991.
8. R. VAN DÜLMEN, Der Geheimbund der Illuminaten. Darstellung, Analyse, Dokumentation. Stuttgart [2]1977.
9. H.H. EWERS (Hrsg.), Kinder- und Jugendliteratur der Aufklärung. Eine Textsammlung. Stuttgart 1980.
10. J. C. GOTTSCHED, Ausgewählte Werke, hrsg. von J. BIRKE und P. M. MITCHELL, Bd. 1 ff. Berlin/New York 1968 ff.
11. G. GRAF (Hrsg.), Der Verfassungsentwurf aus dem Jahr 1787 des

Granduca Pietro Leopoldo di Toscana. Edition und Übersetzung. Berlin 1998.

12. N. HAMMERSTEIN (Hrsg.), Staatslehre der frühen Neuzeit. Frankfurt a.M. 1995.

13. J. HEINECCIUS, Grundlagen des Natur- und Völkerrechts, hrsg. von C. BERGFELD. Frankfurt a.M. 1994.

14. J. G. HERDER, Werke, hrsg. von G. ARNOLD, 10 Bde. Frankfurt a.M. 1985 ff.

15. M. HEUSER/O. NIETHAMMER/M. ROITZHEIM-EISFELD/P. WULBUSCH (Hrsg.), „Ich wünschte so gar gelehrt zu werden". Drei Autobiographien von Frauen des 18. Jahrhunderts. Texte und Erläuterungen. Göttingen 1994.

16. I. KANT, Gesammelte Schriften, hrsg. von der königlich preußischen Akademie der Wissenschaften, 16 Bde. Berlin ²1910–22.

17. K. H. KIEFER (Hrsg.), Cagliostro. Dokumente zu Aufklärung und Okkultismus. München 1991.

18. H. KLUETING (Hrsg.), Der Josephinismus. Ausgewählte Quellen zur Geschichte der theresianisch-josephinischen Reformen. Darmstadt 1995.

19. J. KUNISCH (Hrsg.), Aufklärung und Kriegserfahrung. Klassische Zeitzeugen zum Siebenjährigen Krieg. Frankfurt a.M. 1996.

20. G. E. LESSING, Werke und Briefe, hrsg. von W. BARNER, 12 Bde. Frankfurt a.M. 1985 ff.

21. M. MENDELSSOHN, Gesammelte Schriften. Jubiläumsausgabe, begonnen von I. ELBOGEN u. a., fortgesetzt von A. ALTMANN u. a. Stuttgart/Bad Cannstatt 1972 ff.

22. P. MÜNCH (Hrsg.), Ordnung, Fleiß und Sparsamkeit. Texte und Dokumente zur Entstehung der bürgerlichen Tugenden. München 1984.

23. PHILOSOPHISCHE CLANDESTINA DER DEUTSCHEN AUFKLÄRUNG. Texte und Dokumente, begründet von M. POTT, hrsg. von W. SCHRÖDER. Stuttgart/Bad Cannstatt 1999 ff.

24. S. V. PUFENDORF, Über die Pflicht des Menschen und des Bürgers nach dem Gesetz der Natur, hrsg. von K. LUIG. Frankfurt a.M. 1994.

25. J. RACHOLD (Hrsg.), Die Illuminaten. Quellen und Texte zur Aufklärungsideologie des Illuminatenordens (1776–1785). Berlin 1984.

26. H. SCHOTT (Hrsg.), Der sympathetische Arzt. Texte zur Medizin im 18. Jahrhundert. München 1998.

27. J. V. SONNENFELS, Aufklärung als Sozialpolitik. Ausgewählte

Schriften aus den Jahren 1764–1798, hrsg. von H. KREMERS. Wien 1994.

28. J. J. SPALDING, Religion, eine Angelegenheit des Menschen, hrsg. von W. E. MÜLLER. Darmstadt 1997.

29. T. STAMMEN/F. EBERLE (Hrsg.), Deutschland und die Französische Revolution 1789–1806. Darmstadt 1988.

30. C. THOMASIUS, Ausgewählte Werke, hrsg. von W. SCHNEIDERS. Hildesheim/Zürich/New York 1993 ff.

31. VOLKSAUFKLÄRUNG. Ausgewählte Schriften, hrsg. von H. BÖNING und R. SIEGERT. Stuttgart/Bad Cannstatt 1992 ff.

32. C. M. WIELAND, Werke, hrsg. von W. ALBRECHT, M. FUHRMANN, K. MANGER, H. SCHELLE, 12 Bde. Frankfurt a.M. 1985 ff.

33. C. WOLFF, Gesammelte Werke, hrsg. von J. ECOLE und J. E. HOFMANN, 21 Bde. Hildesheim 1965–83.

34. [J. H. ZEDLER]: Großes vollständiges Universal-Lexikon aller Wissenschaften und Künste, 64 Bde. und 4 Supplement-Bde. Halle/Leipzig 1732–1754, Ndr. Graz 1961–64.

2. Lexika, Zeitschriften, Bibliographien

35. DAS ACHTZEHNTE JAHRHUNDERT. Mitteilungen der Deutschen Gesellschaft für die Erforschung des 18. Jahrhunderts, Jg. 1 ff. 1977 ff.

36. AUFKLARUNG. Interdisziplinäre Halbjahrsschrift zur Erforschung des 18. Jahrhunderts und seiner Wirkungsgeschichte, Jg. 1 ff. 1986 ff.

37. G. BILLER, Die Wolff-Diskussion 1800 bis 1982. Eine Bibliographie, in: 313: 321–346.

38. G. BIRTSCH/M. TRAUTH/I. MEENKEN, Grundfreiheiten, Menschenrechte 1500–1850. Eine internationale Bibliographie, 5 Bde. Stuttgart 1991/92.

39. H. BÖNING/R. SIEGERT (Hrsg.), Bio-bibliographisches Handbuch zur Popularisierung aufklärerischen Denkens im deutschen Sprachraum von den Anfängen bis 1850, Bd. 1: Die Genese der Volksaufklärung und ihre Entwicklung bis 1780. Stuttgart 1990. Bd. 2: Die Volksaufklärung auf ihrem Höhepunkt. 1781 bis 1800 (in Vorbereitung). Bd. 3: Bibliographie von 1801–1850 (in Vorbereitung). Bd. 4: Biographisches Lexikon (in Vorbereitung).

40. M. BRANDL, Die deutschen katholischen Theologen der Neuzeit.
     Ein Repertorium, Bd. 2: Aufklärung. Salzburg 1978.

41. T. BRÜGGEMANN/O. BRUNKEN/H.-H. EWERS, Handbuch zur Kin-
     der- und Jugendliteratur, Bd. 1: Von 1570 bis 1750. Stuttgart
     1991. Bd. 2: Von 1750 bis 1800. Stuttgart 1982.

42. O. BRUNNER/W. CONZE/R. KOSELLECK (Hrsg.), Geschichtliche
     Grundbegriffe. Historisches Lexikon zur politisch-sozialen Spra-
     che in Deutschland, 8 Bde. Stuttgart 1972–1997.

43. DIE DEUTSCHE LITERATUR (DDL). Biographisches und bibliogra-
     phisches Lexikon in sechs Reihen, hrsg. von H.-G. ROLOFF. Reihe
     IV: Die Deutsche Literatur zwischen 1720 und 1830, hrsg. von G.
     PAIL, H.-G. ROLOFF, H.-J. SCHINGS, S. SEIFERT, Abt. A: Autorenle-
     xikon, Lfg. 1 ff. Stuttgart/Bad Cannstatt 1998 ff.

44. J. DYCK/J. SANDSTEDE (Hrsg.), Quellenbibliographie zur Rheto-
     rik, Homiletik und Epistolographie des 18. Jahrhunderts im
     deutschsprachigen Raum, 3 Bde. Stuttgart 1996.

45. EIGHTEENTH CENTURY STUDIES, Bd. 1 ff. 1967 ff.

46. E. FISCHER/W. HAEFS/Y.-G. MIX (Hrsg.), Von Almanach bis Zei-
     tung. Ein Handbuch der Medien in Deutschland 1700–1800.
     München 1999.

47. E. FRIEDRICHS, Die deutschsprachigen Schriftstellerinnen des 18.
     und 19. Jahrhunderts: Ein Lexikon. Stuttgart 1981.

48. W. HEINSIUS, Alphabetisches Verzeichnis der von 1700 bis zu Ende
     1810 erschienenen Romane und Schauspiele, welche in Deutsch-
     land und in den durch Sprache und Literatur damit verwandten Län-
     dern gedruckt worden sind. Leipzig 1813, Ndr. Leipzig 1972.

49. HERDER-JAHRBUCH. Herder Yearbook, Bd. 1 ff. Stuttgart/Weimar
     1994 ff.

50. J. KIRCHNER, Bibliographie der Zeitschriften des deutschen
     Sprachgebietes bis 1900, Tl. 1: Die Zeitschriften des deutschen
     Sprachgebietes von den Anfängen bis 1830. Stuttgart 1969.

51. LESSING YEARBOOK, hrsg. von der Lessing Society, Bd. 1 ff.
     1969 ff.

52. H. REINALTER/A. KUHN/A. RUIZ (Hrsg.), Biographisches Lexikon
     zur Geschichte der demokratischen und liberalen Bewegungen in
     Mitteleuropa, Bd. 1: 1770–1800. Frankfurt a.M. 1992.

53. W. SCHNEIDERS (Hrsg.), Lexikon der Aufklärung. Deutschland
     und Europa. München 1995.

54. T. C. STARNES, Der Teutsche Merkur. Ein Repertorium. Sigmarin-
     gen 1994.

55. WIELAND STUDIEN, Bd. 1 ff. 1991 ff.

3. Gesamtdarstellungen

56. P.-A. ALT, Aufklärung. Lehrbuch Germanistik. Stuttgart/Weimar 1996.

57. E. CASSIRER, Die Philosophie der Aufklärung. Tübingen 1932, Hamburg 1998.

58. R. GRIMMINGER (Hrsg.), Deutsche Aufklärung bis zur Französischen Revolution 1680–1789. München/Wien 1980.

59. U. IM HOF, Das Europa der Aufklärung. München 1993.

60. P. KONDYLIS, Die Aufklärung im Rahmen des neuzeitlichen Rationalismus. Stuttgart 1981.

61. N. MERKER, Die Aufklärung in Deutschland. München 1982.

62. H. MÖLLER, Fürstenstaat oder Bürgernation. Deutschland 1763–1815. Berlin 1989.

63. DERS., Vernunft und Kritik. Deutsche Aufklärung im 17. und 18. Jahrhundert. Frankfurt a.M. 1986.

64. P. PÜTZ, Die deutsche Aufklärung. Darmstadt [4]1991.

65. J. J. SHEEHAN, Der Ausklang des alten Reiches. Deutschland seit dem Ende des Siebenjährigen Krieges bis zur gescheiterten Revolution 1763 bis 1850. Berlin 1994.

66. R. VIERHAUS, Staaten und Stände. Vom Westfälischen bis zum Hubertusburger Frieden 1648 bis 1763. Berlin 1984.

67. H.-U. WEHLER, Deutsche Gesellschaftsgeschichte, Bd. 1: Vom Feudalismus des Alten Reiches bis zur Defensiven Modernisierung der Reformära 1700–1815. München 1987.

68. E. WEIS, Der Durchbruch des Bürgertums 1776–1847. Berlin/Wien 1982.

4. Rezeptions- und Forschungsgeschichte

69. J. ALBERTZ (Hrsg.), Aufklärung und Postmoderne – 200 Jahre nach der französischen Revolution das Ende aller Aufklärung? Berlin 1991.

70. W. ALBRECHT, Aufklärung, Reform, Revolution oder „Bewirkt Aufklärung Revolutionen?" Über ein Zentralproblem der Aufklärungsdebatte in Deutschland, in: Lessing Yearbook 22 (1990) 1–75.

71. DERS., Deutsche Spätaufklärung. Ein interdisziplinärer Forschungsbericht bis 1985. Halle 1987.

72. K. O. v. ARETIN, Aufgeklärter Herrscher oder Aufgeklärter Abso-
    lutismus. Eine notwendige Begriffsklärung, in: F. SEIBT (Hrsg.),
    Gesellschaftsgeschichte. Festschrift für Karl Bosl zum 80. Ge-
    burtstag, Bd. 1. München 1988, 78–87.

73. L. BODI, Zur Problematik des Reformabsolutismus in der Habs-
    burgermonarchie – eine Literaturübersicht (1975–1990), in: Das
    18. Jahrhundert 16 (1992) 153–170.

74. C. CALHOUN (Hrsg.), Habermas and the Public Sphere. Cam-
    bridge, Mass./London 1992.

75. H. DAINAT, Die wichtigste aller Epochen: Geistesgeschichtliche
    Aufklärungsforschung, in: 76: 21–37.

76. DERS./W. VOSSKAMP (Hrsg.), Aufklärungsforschung in Deutsch-
    land. Heidelberg 1999.

77. L. DANNEBERG/M. SCHLOTT/J. SCHÖNERT/F. VOLLHARDT, Germa-
    nistische Aufklärungsforschung seit den siebziger Jahren, in: Das
    18. Jahrhundert 19 (1995) 172–192.

78. R. DARNTON, Der Kuß des Lamourette. Kulturgeschichtliche Be-
    trachtungen. München/Wien 1998.

79. W. DILTHEY, Das achtzehnte Jahrhundert und die geschichtliche
    Welt, in: DERS., Gesammelte Schriften, Bd. 3: Studien zur Ge-
    schichte des deutschen Geistes. Stuttgart/Göttingen [3]1962, 209–
    268.

80. DERS., Das Erlebnis und die Dichtung. Lessing, Goethe, Novalis,
    Hölderlin. Göttingen [16]1985.

81. I. FETSCHER, Aufklärung und Gegenaufklärung in der Bundesre-
    publik, in: 101: 522–547.

82. M. FONTIUS, Zur Lage der Aufklärungsforschung im vereinten
    Deutschland, in: Das 18. Jahrhundert 19 (1995) 193–205.

83. M. FRANK, Die Unhintergehbarkeit von Individualität. Reflexio-
    nen über Subjekt, Person und Individuum aus Anlaß ihrer ,post-
    modernen' Toterklärung. Frankfurt a.M. 1986.

84. J. HABERMAS, Strukturwandel der Öffentlichkeit. Untersuchungen
    zu einer Kategorie der bürgerlichen Gesellschaft. Frankfurt a.M.
    [5]1996.

85. N. HINSKE (Hrsg.), Eklektik, Selbstdenken, Mündigkeit. Hamburg
    1986 (= Aufklärung 1/1).

86. M. HORKHEIMER/T. W. ADORNO, Dialektik der Aufklärung. Philo-
    sophische Fragmente. Amsterdam 1947, Neuausgabe Frankfurt
    a.M. 1969.

87. H. KIESEL, Aufklärung und neuer Irrationalismus in der Weimarer
    Republik, in: 101: 497–521.

88. H. KLUETING, „Der Genius der Zeit hat sie unbrauchbar gemacht". Zum Thema Katholische Aufklärung – Oder: Aufklärung und Katholizismus im Deutschland des 18. Jahrhunderts, in: 137: 1–35.

89. H. KUNNEMANN, „Dialektik der Aufklärung", Mikrophysik der Macht und die Theorie des kommunikativen Handelns, in: DERS./ H. DE VRIES (Hrsg.), Die Aktualität der „Dialektik der Aufklärung". Zwischen Moderne und Postmoderne. Frankfurt a.m./New York 1989, 150–167.

90. H. MAIER, Die Katholiken und die Aufklärung. Ein Gang durch die Forschungsgeschichte, in: 137: 40–53.

91. E. MANHEIM, Aufklärung und öffentliche Meinung. Studien zur Soziologie der Öffentlichkeit im 18. Jahrhundert, hrsg. von N. SCHINDLER. Stuttgart/Bad Cannstadt 1979.

92. S. MERKLE, Die katholische Beurteilung des Aufklärungszeitalters, in: DERS., Ausgewählte Reden und Aufsätze, hrsg. von T. FREUDENBERGER. Würzburg 1965, 361–413.

93. H. MÖLLER, Die Interpretation der Aufklärung in der marxistisch-leninistischen Geschichtsschreibung, in: ZHF 4 (1977) 438–472.

94. M. NEUGEBAUER-WÖLK/M. MEUMANN/H. ZAUNSTÖCK (Hrsg.), 25 Jahre Deutsche Gesellschaft für die Erforschung des 18. Jahrhunderts. Zur Geschichte einer Wissenschaftlichen Vereinigung (1975–2000). Wolfenbüttel 2000.

95. N. POSTMAN, Die zweite Aufklärung. Vom 18. zum 21. Jahrhundert. Berlin 1999.

96. W. RIEDEL, Anthropologie und Literatur in der deutschen Spätaufklärung. Skizze einer Forschungslandschaft, in: IASL, Sonderheft 6 (1994) 93–157.

97. R. ROSENBERG, „Aufklärung" in der deutschen Literaturgeschichtsschreibung des 18. Jahrhunderts, in: 76: 7–20.

98. J. B. SÄGMÜLLER, Unwissenschaftlichkeit und Unglaube in der kirchlichen Aufklärung (ca. 1750–1850). Eine Erwiderung auf Professor Merkles Schrift: „Die kirchliche Aufklärung im katholischen Deutschland". Essen 1911.

99. T. P. SAINE, „Was ist Aufklärung?" Kulturgeschichtliche Überlegungen zu neuer Beschäftigung mit der deutschen Aufklärung, in: Zeitschrift für deutsche Philologie 93 (1974) 522–545.

100. P. SCHÄFER, Die Grundlagen der Aufklärung in katholischen Beurteilungen der Aufklärung, in: 137: 54–66.

101. J. SCHMIDT (Hrsg.), Aufklärung und Gegenaufklärung in der europäischen Literatur, Philosophie und Politik von der Antike bis zur Gegenwart. Darmstadt 1989.

102. W. SCHNEIDERS, Die wahre Aufklärung. Zum Selbstverständnis der deutschen Aufklärung. Freiburg/München 1974.
103. J. SCHÖNERT, Konstellationen und Entwicklungen der germanistischen Forschung der Aufklärung seit 1960, in: 76: 39–48.
104. K. v. SEE, Die Ideen von 1789 und die Ideen von 1914. Völkisches Denken in Deutschland zwischen Französischer Revolution und Erstem Weltkrieg. Frankfurt a.M. 1975.
105. H.-W. STRÄTZ/H. ZABEL, Säkularisation, Säkularisierung, in: 42: Bd. 5, 789–829.
106. H. STUKE, Aufklärung, in: 42: Bd. 1, 243–342.
107. R. THEIS (Hrsg.), Die deutsche Aufklärung im Spiegel der neueren französischen Aufklärungsforschung. Hamburg 1998.
108. E. TROELTSCH, Die Aufklärung, in: DERS., Gesammelte Schriften, Bd. 4, hrsg. von H. BARON. Tübingen 1925, 338–374.
109. R. VIERHAUS, Die Erforschung des 18. Jahrhunderts. Aktivitäten – Desiderate – Defizite, in: Das achtzehnte Jahrhundert 19 (1995) 158–162.
110. W. WELSCH, Postmoderne – Pluralität als ethischer und politischer Wert, in: 69: 9–44.
111. H. ZIMMERMANN/R. DARNTON/J. MONDOT/W. SCHNEIDERS, Gespräch über Aufklärungsforschung, in: Das achtzehnte Jahrhundert 20 (1996) 137–149.

5. Staat und Gesellschaft

112. G. BIRTSCH (Hrsg.), Der Idealtyp des aufgeklärten Herrschers. Hamburg 1987 (= Aufklärung 2/1).
113. H. E. BÖDEKER/U. HERRMANN (Hrsg.), Aufklärung als Politisierung – Politisierung der Aufklärung. Hamburg 1987.
114. K. BOHNEN/ S. A. JØRGENSEN (Hrsg.), Der dänische Gesamtstaat. Kopenhagen, Kiel, Altona. Tübingen 1992.
115. M. BRAUBACH, Maria Theresias jüngster Sohn Max Franz. Letzter Kurfürst von Köln und Fürstbischof von Münster. Wien 1961.
116. A. CONRAD (Hrsg.), Das Volk im Visier der Aufklärung. Studien zur Popularisierung der Aufklärung im späten 18. Jahrhundert. Hamburg 1998.
117. O. DANN, Nation und Nationalismus in Deutschland 1770–1990. München ³1996.

118. DERS./D. KLIPPEL (Hrsg.), Naturrecht – Spätaufklärung – Revolution. Hamburg 1995.

119. J. DELINIÈRE, Karl Friedrich Reinhard. Ein deutscher Aufklärer im Dienste Frankreichs (1761–1837). Stuttgart 1989.

120. W. DEMEL, Vom aufgeklärten Reformstaat zum bürokratischen Staatsabsolutismus. München 1993.

121. E. FEHRENBACH (Hrsg.), Adel und Bürgertum in Deutschland 1770–1848. München 1994.

122. DIES., Bürgertum und Liberalismus. Die Umbruchphase 1770–1815, in: L. GALL (Hrsg.), Bürgertum und bürgerlich-liberale Bewegung in Mitteleuropa seit dem 18. Jahrhundert. München 1997, 1–62.

123. A. FIJAL/E. JOST, Staatsschutzgesetzgebung in Preußen unter der Regentschaft Friedrichs des Großen (1740–1786), in: Aufklärung 7 (1992) 49–83.

124. M. FONTIUS (Hrsg.), Friedrich II. und die europäische Aufklärung. Berlin 1999.

125. G. FRANZ (Hrsg.), Aufklärung und Tradition. Kurfürstentum und Stadt Trier im 18. Jahrhundert. Trier 1988.

126. L. GALL (Hrsg.), Stadt und Bürgertum im Übergang von der traditionalen zur modernen Gesellschaft. München 1993.

127. J. GARBER, Spätabsolutismus und bürgerliche Gesellschaft. Studien zur deutschen Staats- und Gesellschaftstheorie im Übergang zur Moderne. Frankfurt a.M. 1992.

128. K. GERTEIS, Bürgerliche Absolutismuskritik im Südwesten des Alten Reiches vor der Französischen Revolution. Trier 1983.

129. DERS., Physiokratismus und aufgeklärte Reformpolitik, in: 112: 75–94.

130. A. GESTRICH, Absolutismus und Öffentlichkeit. Politische Kommunikation in Deutschland zu Beginn des 18. Jahrhunderts. Göttingen 1994.

131. W. GRAB, Ein Volk muß seine Freiheit selbst erobern. Zur Geschichte der deutschen Jakobiner. Frankfurt a.M. 1984.

132. L. HAMMERMAYER, Die Aufklärung in Salzburg, in: H. DOPSCH/H. SPATZENEGGER (Hrsg.), Geschichte Salzburgs, Bd. 2/1. Salzburg 1988, 375–422.

133. E. HELLMUTH, Naturrechtsphilosophie und bürokratischer Wertehorizont. Studien zur preußischen Geistes- und Sozialgeschichte des 18. Jahrhunderts. Göttingen 1985.

134. P. HERSCHE, Intendierte Rückständigkeit: Zur Charakteristik des geistlichen Staates im alten Reich, in: G. SCHMIDT (Hrsg.), Stände

und Gesellschaft im alten Reich. Wiesbaden/Stuttgart 1989, 133–149.

135. E. Jost, Staatsgesetzgebung im Zeitalter des Absolutismus. Dargestellt am Beispiel Brandenburg-Preußens in der Zeit von 1640–1786. Berlin 1998.

136. D. Klippel, Politische Freiheit und Freiheitsrechte im deutschen Naturrecht des 18. Jahrhunderts. Paderborn 1976.

137. H. Klueting (Hrsg.), Katholische Aufklärung – Aufklärung im katholischen Deutschland. Hamburg 1993.

138. F. Kopitzsch (Hrsg.), Aufklärung, Absolutismus und Bürgertum in Deutschland. München 1976.

139. Ders., Grundzüge einer Sozialgeschichte der Aufklärung in Hamburg und Altona. Hamburg 1990.

140. R. Koselleck, Kritik und Krise. Eine Studie zur Pathogenese der bürgerlichen Welt. Frankfurt a. M. ^{8}1997.

141. E. Kovács (Hrsg.), Katholische Aufklärung und Josephinismus. München 1979.

142. A. Kraus, Probleme der bayerischen Staatskirchenpolitik 1750–1800, in: 137: 119–141.

143. F. Kreh, Leben und Werk des Reichsfreiherrn Johann Adam v. Ickstatt (1702–1776). Ein Beitrag zur Staatsrechtslehre der Aufklärungszeit. Paderborn 1974.

144. J. Kunisch (Hrsg.), Persönlichkeiten im Umkreis Friedrichs des Großen. Köln/Wien 1988.

145. W. Martens (Hrsg.), Leipzig. Aufklärung und Bürgerlichkeit. Heidelberg 1990.

146. Ders., Der patriotische Minister. Fürstendiener in der Literatur der Aufklärungszeit. Weimar/Köln/Wien 1996.

147. M. Maurer, Die Biographie des Bürgers. Lebensformen und Denkweisen in der formativen Phase des deutschen Bürgertums (1680–1815). Göttingen 1996.

148. S. Mörz, Aufgeklärter Absolutismus in der Kurpfalz während der Mannheimer Regierungszeit des Kurfürsten Karl Theodor (1742–1777). Stuttgart 1991.

149. W. Müller, Die Säkularisation von 1803, in: W. Brandmüller (Hrsg.), Handbuch der bayerischen Kirchengeschichte, Bd. 3. St. Ottilien 1991, 1–84.

150. H. Münkler, Die Idee der Tugend. Ein politischer Leitbegriff im vorrevolutionären Europa, in: AKG 73 (1991) 379-404.

151. U. Muhlack, Physiokratie und Absolutismus in Frankreich und Deutschland, in: ZHF 9 (1982) 15–46.

152. R. v. Oer, Franz Wilhelm von Spiegel zum Desenberg und die Aufklärung in den Territorien des Kurfürsten von Köln, in: 137: 335–345.

153. Österreich im Europa der Aufklärung. Kontinuität und Zäsur in Europa zur Zeit Maria Theresias und Josephs II., hrsg. vom Bundesministerium für Wissenschaft und Forschung und der Österreichischen Akademie der Wissenschaften, 2 Bde. Wien 1985.

154. Österreich zur Zeit Kaiser Josephs II. Mitregent Kaiserin Maria Theresias, Kaiser und Landesfürst. Katalog zur Niederösterreichischen Landesausstellung Stift Melk. Wien ²1980.

155. K.-H. Osterloh, Joseph von Sonnenfels und die österreichische Reformbewegung im Zeitalter des aufgeklärten Absolutismus. Eine Studie zum Zusammenhang von Kameralwissenschaft und Verwaltungspraxis. Lübeck/Hamburg 1970.

156. M. Riedel, Bürger, in: 42: Bd. 1, 672–725.

157. H. Scheel, Die Begegnung deutscher Jakobiner mit der Revolution. Berlin 1973.

158. Ders., Die Mainzer Republik, 2 Bde. Berlin 1975–81.

159. U. Schirmer (Hrsg.), Sachsen 1763–1832. Zwischen Rétablissement und bürgerlichen Reformen. Beucha 1996.

160. A. Schmid, Der Reformabsolutismus Kurfürst Max' III. Joseph von Bayern, in: ZBLG 54 (1991) 39–76.

161. W. Schneiders, Die Philosophie des aufgeklärten Absolutismus. Zum Verhältnis von Philosophie und Politik, nicht nur im 18. Jahrhundert, in: 113: 32–52.

162. H. M. Scott (Hrsg.), Enlightened Absolutism. Reform and Reformers in Later Eighteenth-Century Europe. London 1990.

163. G. Seiderer, Formen der Aufklärung in fränkischen Städten. Ansbach, Bamberg und Nürnberg im Vergleich. München 1997.

164. B. Stier, Fürsorge und Disziplinierung im Zeitalter des Absolutismus. Das Pforzheimer Zucht- und Waisenhaus und die badische Sozialpolitik im 18. Jahrhundert. Sigmaringen 1988.

165. T. Theuringer, Liberalismus im Rheinland. Voraussetzungen und Ursprünge im Zeitalter der Aufklärung. Frankfurt a. M. 1998.

166. F. Valjavec, Die Entstehung der politischen Strömungen in Deutschland 1770–1815. München 1951, Ndr. Kronberg/Ts. 1978.

167. Ders., Der Josephinismus. Zur geistigen Entwicklung Österreichs im 18. und 19. Jahrhundert. Brünn/München/Wien 1944.

168. R. Vierhaus (Hrsg.), Das Volk als Objekt obrigkeitlichen Handelns. Tübingen 1992.

169. H. Voegt, Die deutsche jakobinische Literatur und Publizistik 1789–1800. Berlin 1955.

170. A. Wandruszka, Leopold II. Erzherzog von Österreich, Großherzog von Toskana, König von Ungarn und Böhmen, Römischer Kaiser, 2 Bde. Wien/München 1965.

171. E. Wangermann, Aufklärung und staatsbürgerliche Erziehung. Gottfried van Swieten als Reformator des österreichischen Unterrichtswesens 1781–1791. Wien 1978.

172. H. Weber (Hrsg.), Aufklärung in Mainz. Wiesbaden 1984.

173. E. Weis, Cesare Beccaria (1738–1794), Mailänder Aufklärer und Anreger der Strafrechtsreformen in Europa. München 1992.

174. Ders., Deutschland und Frankreich um 1800. Aufklärung, Revolution, Reform. München 1990.

175. U. Wilhelm, Der deutsche Frühliberalismus. Von den Anfängen bis 1789. Frankfurt a.M. 1995.

176. J. Wilke, Die Entdeckung von Meinungs- und Pressefreiheit als Menschenrechte im Deutschland des späten 18. Jahrhunderts, in: 118: 121–139.

177. E. Winter, Der Josefinismus und seine Geschichte. Beiträge zur Geistesgeschichte Österreichs 1740–1848. Brünn/München/Leipzig 1943.

6. Religion und Kirchen

178. M. Brecht/K. Deppermann/U. Gäbler/H. Lehmann (Hrsg.), Geschichte des Pietismus, Bd. 1: Der Pietismus vom 17. bis zum frühen 18. Jahrhundert, hrsg. von M. Brecht. Göttingen 1993. Bd. 2: Der Pietismus im 18. Jahrhundert, hrsg. von M. Brecht und K. Deppermann. Göttingen 1995.

179. R. van Dülmen, Kultur und Alltag in der Frühen Neuzeit, Bd. 3: Religion, Magie, Aufklärung. München 1994.

180. Ders., Propst Franziskus Töpsl (1711–1796) und das Augustiner-Chorherrenstift Polling. Ein Beitrag zur Geschichte der katholischen Aufklärung in Deutschland. Kallmünz 1967.

181. E. François, Die unsichtbare Grenze. Protestanten und Katholiken in Augsburg 1648–1806. Sigmaringen 1991.

182. W. Gericke, Theologie und Kirche im Zeitalter der Aufklärung. Berlin 1989.

183. N. HAAG, Predigt und Gesellschaft. Die lutherische Orthodoxie in Ulm 1640–1740. Mainz 1992.

184. DIE GESCHICHTE DES CHRISTENTUMS. Religion, Politik, Kultur, hrsg. von H.-M. MAYEUR/C. und L. PIETRI/A. VAUCHEZ/M. VENARD, deutsche Ausgabe hrsg. von N. BROX/O. ENGELS/G. KRETSCHMAR/ K. MEIER/H. SMOLINSKY, Bd. 9: Das Zeitalter der Vernunft (1620/ 30–1750), hrsg. von M. VENARD. Freiburg i.Br. 1998.

185. E. HEGEL, Die katholische Kirche Deutschlands unter dem Einfluß der Aufklärung des 18. Jahrhunderts. Opladen 1975.

186. P. HERSCHE, Der Spätjansenismus in Österreich. Wien 1977.

187. N. HINSKE (Hrsg.), Halle. Aufklärung und Pietismus. Heidelberg 1989.

188. G. HORNIG, Johann Salomo Semler. Studien zu Leben und Werk des Hallenser Aufklärungstheologen. Tübingen 1996.

189. H.-M. KIRN, Deutsche Spätaufklärung und Pietismus. Ihr Verhältnis im Rahmen kirchlich-bürgerlicher Reform bei Johann Ludwig Ewald (1748–1822). Göttingen 1998.

190. H. LEHMANN (Hrsg.), Säkularisierung, Dechristianisierung, Rechristianisierung im neuzeitlichen Europa. Bilanz und Perspektiven der Forschung. Göttingen 1997.

191. M. MAURER, Kirche, Staat und Gesellschaft im 17. und 18. Jahrhundert. München 1998.

192. P. PICARD, Zölibatsdiskussion im katholischen Deutschland der Aufklärungszeit. Auseinandersetzungen mit der kanonischen Vorschrift im Namen der Vernunft und der Menschenrechte. Düsseldorf 1975.

193. M. A. MEYER (Hrsg.), Deutsch-jüdische Geschichte in der Neuzeit, Bd. 1: M. BREUER/M. GRAETZ, Tradition und Aufklärung 1600–1780. München 1996. Bd. 2: M. BRENNER/S. JERSCH-WENZEL/M. A. MEYER, Emanzipation und Akkulturation 1780–1871. München 1996.

194. W. MÜLLER, Die Aufhebung des Jesuitenordens in Bayern. Vorgeschichte, Durchführung, administrative Bewältigung, in: ZBLG 48 (1985) 285–352.

195. M. POTT, Aufklärung und Aberglaube. Die deutsche Frühaufklärung im Spiegel ihrer Aberglaubenskritik. Tübingen 1992.

196. C. SCHÄFER, Staat, Kirche, Individuum. Studie zur süddeutschen Publizistik über religiöse Toleranz von 1648-1819. Frankfurt a. M. 1992.

197. L. SCHORN-SCHÜTTE, Evangelische Geistlichkeit und katholischer Seelsorgeklerus in Deutschland. Soziale, mentale und herrschafts-

funktionale Aspekte der Entfaltung zweier geistlicher Sozialgruppen vom 17. bis zum Beginn des 19. Jahrhunderts, in: Paedagogica Historica 30 (1994) 39-81.

198. D. STIEVERMANN, Politik und Konfession im 18. Jahrhundert, in: ZHF 18 (1991) 177–199.

199. L. A. VEIT, Die Kirche im Zeitalter des Individualismus 1648 bis zur Gegenwart. 1. Hälfte: Im Zeichen des vordringenden Individualismus 1648–1800. Freiburg i.Br. 1931.

200. S. VOLK, Peuplierung und religiöse Toleranz. Neuwied von der Mitte des 17. bis zur Mitte des 18. Jahrhunderts, in: Rheinische Vierteljahrsblätter 55 (1991) 205–231.

201. J. WALLMANN, Theologie und Frömmigkeit im Zeitalter des Barock. Gesammelte Aufsätze. Tübingen 1995.

202. S. ZURBUCHEN, Naturrecht und natürliche Religion. Zur Geschichte des Toleranzbegriffs von Samuel Pufendorf bis Jean-Jacques Rousseau. Würzburg 1991.

7. Soziabilität und Diffusion

203. M. AGETHEN, Geheimbund und Utopie. Illuminaten, Freimaurer und deutsche Spätaufklärung. München 1984.

204. W. ARNOLD/P. VODOSEK (Hrsg.), Bibliothek und Aufklärung. Wiesbaden 1988.

205. E. H. BALÁZS/L. HAMMERMAYER/H. WAGNER/J. WOJTOWICZ (Hrsg.), Beförderer der Aufklärung in Mittel- und Osteuropa. Freimaurer, Gesellschaften, Clubs. Berlin 1979.

206. G. BARBER/B. FABIAN (Hrsg.), Buch und Buchhandel im achtzehnten Jahrhundert. Hamburg 1981.

207. P. J. BECKER, Bibliotheksreisen in Deutschland im 18. Jahrhundert, in: Archiv für Geschichte des Buchwesens 21 (1980) 1361–1534.

208. K. BEYRER/M. DALLMEIER (Hrsg.), Als die Post noch Zeitung machte. Eine Pressegeschichte. Frankfurt a.M. 1994.

209. H. E. BÖDEKER, Das Kaffeehaus als Institution aufklärerischer Geselligkeit, in: E. FRANÇOIS (Hrsg.), Geselligkeit, Vereinswesen und bürgerliche Gesellschaft in Frankreich, Deutschland und in der Schweiz, 1750–1850. Paris 1986, 65–80.

210. DERS. (Hrsg.), Lesekulturen im 18. Jahrhundert. Hamburg 1991 (= Aufklärung 6/1).

211. DERS./U. HERRMANN (Hrsg.), Über den Prozeß der Aufklärung in Deutschland im 18. Jahrhundert. Personen, Institutionen und Medien. Göttingen 1986.

212. H. BÖNING (Hrsg.), Französische Revolution und deutsche Öffentlichkeit. Wandlungen in Presse und Alltagskultur am Ende des 18. Jahrhunderts. München 1992.

213. DERS., Zeitung, Zeitschrift, Intelligenzblatt. Die Entwicklung der periodischen Presse im Zeitalter der Aufklärung, in: 208: 93–103.

214. O. DANN (Hrsg.), Lesegesellschaften und bürgerliche Emanzipation. Ein europäischer Vergleich. München 1981.

215. DERS. (Hrsg.), Vereinswesen und bürgerliche Gesellschaft in Deutschland. München 1984.

216. W. DOTZAUER, Zur Sozialstruktur der Freimaurer in Deutschland im 18. Jahrhundert, in: 330: 109–149.

217. B. EMMRICH, Volkstümliche Lesestoffe und bürgerliche Lese- und Leihbibliotheken in Kursachsen am Ende des 18. und Anfang des 19. Jahrhunderts. Ergebnisse einer archivalischen Recherche, in: Volkskunde in Sachsen 7 (1999) 9–52.

218. R. ENGELSING, Der Bürger als Leser. Lesergeschichte in Deutschland 1500–1800. Stuttgart 1974.

219. G. FRÜHSORGE/H. KLUETING/F. KOPITZSCH (Hrsg.), Stadt und Bürger im 18. Jahrhundert. Marburg 1993.

220. K. GERTEIS, Das „Postkutschenzeitalter". Bedingungen der Kommunikation im 18. Jahrhundert, in: K. EIBL (Hrsg.), Entwicklungsschwellen im 18. Jahrhundert. Hamburg 1989, 55–78 (= Aufklärung 4/1).

221. H. H. GERTH, Bürgerliche Intelligenz um 1800. Zur Soziologie des deutschen Frühliberalismus, hrsg. von U. HERMANN. Göttingen 1976.

222. H. G. GÖPFERT/E. WEYRAUCH (Hrsg.), „Unmoralisch an sich …". Zensur im 18. und 19. Jahrhundert. Wolfenbüttel 1988.

223. P. GOETSCH (Hrsg.), Lesen und Schreiben im 17. und 18. Jahrhundert. Studien zu ihrer Bewertung in Deutschland, England und Frankreich. Tübingen 1994.

224. W. GREILING, „Intelligenzblätter" und gesellschaftlicher Wandel in Thüringen. Anzeigenwesen, Nachrichtenvermittlung, Räsonnement und Sozialdisziplinierung. München 1995.

225. L. HAMMERMAYER, Zur Geschichte der europäischen Freimaurerei und der Geheimgesellschaften im 18. Jahrhundert. Genese – Historiographie – Forschungsprobleme, in: 279: 9–68.

226. DERS., Der Wilhelmsbader Freimaurer-Konvent. Ein Höhe- und Wendepunkt der Geschichte der deutschen und europäischen Geheimgesellschaften. Heidelberg 1980.

227. W. HARDTWIG, Genossenschaft, Sekte, Verein in Deutschland, Bd. 1: Vom Spätmittelalter bis zur Französischen Revolution. München 1997.

228. E. HELLMUTH, Aufklärung und Pressefreiheit. Zur Debatte der Berliner Mittwochsgesellschaft während der Jahre 1783 und 1784, in: ZHF 9 (1982) 315–345.

229. E. HINRICHS, Zur Erforschung der Alphabetisierung in Nordwestdeutschland in der Frühen Neuzeit, in: 167: 35–56.

230. C. HIPPCHEN, Zwischen Verschwörung und Verbot. Der Illuminatenorden im Spiegel deutscher Publizistik (1776–1800). Weimar 1998.

231. L. HÖLSCHER, Die Öffentlichkeit begegnet sich selbst. Zur Struktur öffentlichen Redens im 18. Jahrhundert zwischen Diskurs- und Sozialgeschichte, in: 314: 11–31.

232. A. HOFMEISTER-HUNGER, Pressepolitik und Staatsreform. Die Institutionalisierung staatlicher Öffentlichkeitsarbeit bei Karl August von Hardenberg (1792–1822). Göttingen 1994.

233. G. JÄGER/J. SCHÖNERT (Hrsg.), Die Leihbibliothek als Institution des literarischen Lebens im 18. und 19. Jahrhundert. Hamburg 1980.

234. H.-W. JÄGER (Hrsg.), „Öffentlichkeit" im 18. Jahrhundert. Göttingen 1997.

235. H. KNUFMANN, Das deutsche Übersetzungswesen im 18. Jahrhundert im Spiegel von Übersetzer- und Herausgebervorreden, in: Archiv für Geschichte des Buchwesens 9 (1968) 491–572.

236. E.-B. KÖRBER, Öffentlichkeiten der frühen Neuzeit. Teilnehmer, Formen, Institutionen und Entscheidungen öffentlicher Kommunikation im Herzogtum Preußen von 1525 bis 1618. Berlin/New York 1998.

237. P. C. LUDZ (Hrsg.), Geheime Gesellschaften. Heidelberg 1979.

238. R. MALTER, Königsberger Gesprächskultur im Zeitalter der Aufklärung: Kant und sein Kreis, in: 374: 7–23.

239. W. MARTENS, Die Botschaft der Tugend. Die Aufklärung im Spiegel der deutschen Moralischen Wochenschriften. Stuttgart 1968.

240. K. MASEL, Kalender und Volksaufklärung in Bayern. Zur Entwicklung des Kalenderwesens 1750 bis 1830. St. Ottilien 1997.

241. Y.-G. MIX, Die deutschen Musenalmanache des 18. Jahrhunderts. München 1987.

242. H. MÖLLER, Aufklärung in Preußen. Der Verleger, Publizist und Geschichtsschreiber Friedrich Nicolai. Berlin 1974.

243. G. MÜHLPFORDT, Deutsche Union, Einheit Europas, Glück der Menschheit. Ideale und Illusionen des Aufklärers Karl Friedrich Bahrdt (1740-1792), in: ZfG 40 (1992) 1138-1149.

244. W. NAHRSTEDT, Die Entstehung der Freizeit. Dargestellt am Beispiel Hamburgs. Ein Beitrag zur strukturgeschichtlichen Grundlegung der Freizeitpädagogik. Göttingen 1988.

245. T. NIPPERDEY, Verein als soziale Struktur in Deutschland im späten 18. und frühen 19. Jahrhundert, in: H. BOOCKMANN (Hrsg.), Geschichtswissenschaft und Vereinswesen im 19. Jahrhundert, Göttingen 1972, 1–44.

246. H. REINALTER (Hrsg.), Aufklärung und Geheimgesellschaften. Zur politischen Funktion und Sozialstruktur der Freimaurerlogen im 18. Jahrhundert. München 1989.

247. H. ROSENSTRAUCH, Buchhandelsmanufaktur und Aufklärung. Die Reformen des Buchhändlers und Verlegers Ph. E. Reich (1717–1787). Sozialgeschichtliche Studie zur Entwicklung des literarischen Marktes. Frankfurt a.M. 1986.

248. G. SAUDER, Der empfindsame Leser, in: 489: 9–23.

249. DERS./C. WEISS (Hrsg.), Carl Friedrich Bahrdt (1740–1792). St. Ingbert 1992.

250. R. SCHENDA, Volk ohne Buch. Studien zur Sozialgeschichte der populären Lesestoffe 1770–1910. Frankfurt a.M. 1970.

251. H.-J. SCHINGS, Die Brüder des Marquis Posa. Schiller und der Geheimbund der Illuminaten. Tübingen 1996.

252. E. SCHÖN, Der Verlust der Sinnlichkeit oder Die Verwandlungen des Lesers. Mentalitätswandel um 1800. Stuttgart 1987.

253. H. SCHÜTTLER, Die Mitglieder des Illuminatenordens 1776–1787/93. München 1991.

254. P. SEIBERT, Der literarische Salon. Literatur und Geselligkeit zwischen Aufklärung und Vormärz. Stuttgart/Weimar 1993.

255. U. TÖLLE, Rudolf Zacharias Becker. Versuche der Volksaufklärung im 18. Jahrhundert in Deutschland. Münster/New York 1994.

256. B. TOLKEMITT, Der Hamburgische Correspondent. Zur öffentlichen Verbreitung der Aufklärung in Deutschland. Tübingen 1995.

257. W. v. UNGERN-STERNBERG, Schriftsteller und literarischer Markt, in: 58: 133–185.

258. R. VIERHAUS (Hrsg.), Deutsche patriotische und gemeinnützige Gesellschaften. München 1980.

259. M. WELKE, Die Presse und ihre Leser. Zur Geschichte des Zeitungslesens in Deutschland von den Anfängen bis zum frühen 19. Jahrhundert, in: 208: 140–147.
260. W. D. WILSON, Geheimräte gegen Geheimbünde. Ein unbekanntes Kapitel der klassisch-romantischen Geschichte Weimars. Stuttgart 1991.
261. R. WITTMANN, Geschichte des deutschen Buchhandels. Ein Überblick. München 1991.
262. H. ZAUNSTÖCK, Sozietätslandschaft und Mitgliederstrukturen. Die mitteldeutschen Aufklärungsgesellschaften im 18. Jahrhundert. Tübingen 1999.

8. Wissenschaftsgeschichte

263. W. BARNER (Hrsg.), Tradition, Norm, Innovation. Soziales und literarisches Traditionsverhalten in der Frühzeit der deutschen Aufklärung. München 1989.
264. M. BEHNEN, Statistik, Politik und Staatengeschichte von Spittler bis Heeren, in: H. BOOCKMANN/H. WELLENREUTHER (Hrsg.), Geschichtswissenschaft in Göttingen. Göttingen 1987, 76–101.
265. B. BIANCO, Wolffianismus und katholische Aufklärung. Storchenaus Lehre vom Menschen, in: 137: 67–103.
266. H. W. BLANKE/D. FLEISCHER, Aufklärung und Historik. Aufsätze zur Entwicklung der Geschichtswissenschaft, Kirchengeschichte und Geschichtstheorie in der deutschen Aufklärung. Waltrop 1991.
267. H. E. BÖDEKER/G. G. IGGERS/J. B. KNUDSEN/P. H. REILL (Hrsg.), Aufklärung und Geschichte. Studien zur deutschen Geschichtswissenschaft im 18. Jahrhundert. Göttingen ²1992.
268. B. CASPER, Die theologischen Studienpläne des späten 18. und frühen 19. Jahrhunderts im Lichte der Säkularisierungsproblematik, in: A. LANGNER (Hrsg.), Säkularisation und Säkularisierung im 19. Jahrhundert. München/Paderborn/Wien 1978, 97–142.
269. A. DIEKMANN, Klassifikation – System – ‚scala naturae'. Das Ordnen der Objekte in Naturwissenschaft und Pharmazie zwischen 1700 und 1850. Stuttgart 1992.
270. D. DÖRING, Pufendorf-Studien. Beiträge zur Biographie Samuel von Pufendorfs und zu seiner Entwicklung als Historiker und theologischer Schriftsteller. Berlin 1992.

271. H. DREITZEL, Die Entwicklung der Historie zur Wissenschaft, in: ZHF 8 (1981) 257–284.

272. DERS., Zur Entwicklung und Eigenart der „eklektischen Philosophie", in: ZHF 18 (1991) 281–343.

273. P. FUCHS, Palatinatus illustratus. Die historische Forschung an der Kurpfälzischen Akademie der Wissenschaften. Mannheim 1963.

274. G. GAWLICK/L. KREIMENDAHL, Hume in der deutschen Aufklärung. Umrisse einer Perzeptionsgeschichte. Stuttgart/Bad Cannstatt 1987.

275. K. HAMMER/J. VOSS (Hrsg.), Historische Forschung im 18. Jahrhundert. Organisation – Zielsetzung – Ergebnisse. Bonn 1976.

276. L. HAMMERMAYER, Geschichte der Bayerischen Akademie der Wissenschaften, Bd. 1: Gründungs- und Frühgeschichte. München ²1983. Bd. 2: Zwischen Stagnation, Aufschwung und Illuminatenkrise 1769–1786. München 1983.

277. N. HAMMERSTEIN, Jus und Historie. Ein Beitrag zur Geschichte des historischen Denkens an deutschen Universitäten im späten 17. und 18. Jahrhundert. Göttingen 1972.

278. DERS. (Hrsg.), Universitäten und Aufklärung. Göttingen 1995.

279. F. HARTMANN/R. VIERHAUS (Hrsg.), Der Akademiegedanke im 17. und 18. Jahrhundert. Bremen/Wolfenbüttel 1977.

280. G. HEILINGSETZER, Die Benediktiner im 18. Jahrhundert. Wissenschaft und Gelehrsamkeit im süddeutsch-österreichischen Raum, in: 137: 208–224.

281. N. HINSKE (Hrsg.), Kant und die Aufklärung. Hamburg 1992 (= Aufklärung 7/1).

282. D. KAUFMANN, Aufklärung, bürgerliche Selbsterfahrung und die „Erfindung" der Psychiatrie in Deutschland 1770–1850. Göttingen 1995.

283. H. G. KIPPENBERG, Die Entdeckung der Religionsgeschichte. Religionswissenschaft und Moderne. München 1997.

284. F. KLOSTERMANN/J. MÜLLER (Hrsg.), Pastoraltheologie. Ein entscheidender Teil der josephinischen Studienreform. Wien/Freiburg/Basel 1979.

285. W. KÖNIG (Hrsg.), Propyläen Technikgeschichte, Bd. 2: A. PAULINYI/U. TROITZSCH, Mechanisierung und Maschinisierung 1600 bis 1840. Berlin 1991.

286. A. KRAUS, Vernunft und Geschichte. Die Bedeutung der deutschen Akademien für die Entwicklung der Geschichtswissenschaft im späten 18. Jahrhundert. Freiburg i.Br. 1963.

287. W. LEPENIES, Das Ende der Naturgeschichte. Wandel kultureller

Selbstverständlichkeiten in den Wissenschaften des 18. und 19. Jahrhunderts. München 1976.

288. K. J. Lesch, Neuorientierung der Theologie im 18. Jahrhundert in Würzburg und Bamberg. Würzburg 1978.

289. F. Loetz, Vom Kranken zum Patienten. „Medikalisierung" und medizinische Vergesellschaftung am Beispiel Badens 1750–1850. Stuttgart 1993.

290. H. Maier, Die ältere deutsche Staats- und Verwaltungslehre. München ²1980.

291. W. Menzel, Vernakuläre Wissenschaft. Christian Wolffs Bedeutung für die Herausbildung und Durchsetzung des Deutschen als Wissenschaftssprache. Tübingen 1996.

292. G. Mühlpfordt, Gelehrtenrepublik Leipzig. Wegweiser- und Mittlerrolle der Leipziger Aufklärung in der Wissenschaft, in: 145: 39–101.

293. L. Müller, Die kranke Seele und das Licht der Erkenntnis. Karl Philipp Moritz' Anton Reiser. Frankfurt a.M. 1987.

294. W. Müller, Universität und Orden. Die bayerische Landesuniversität Ingolstadt zwischen der Aufhebung des Jesuitenordens und der Säkularisation 1773–1803. Berlin 1986.

295. U. Muhlack, Geschichtswissenschaft im Humanismus und in der Aufklärung. Die Vorgeschichte des Historismus. München 1991.

296. M. Mulsow/R. Häfner/F. Neumann/H. Zedelmaier (Hrsg.), Johann Lorenz Mosheim (1693–1755). Theologie im Spannungsfeld von Philosophie, Philologie und Geschichte. Wiesbaden 1997.

297. K. Petrus, „Scholastische Pedanterey" und „anklebende credulitas": Für oder wider die Autorität? Aspekte der Philosophie des Christian Thomasius, in: DVjs 68 (1994) 429-446.

298. M. Rassem/J. Stagl (Hrsg.), Statistik und Staatsbeschreibung in der frühen Neuzeit, vornehmlich im 16.–18. Jahrhundert. Paderborn/München/Wien/Zürich 1980.

299. H. v. Reventlow/W. Sparn/J. Woolbridge (Hrsg.), Historische Kritik und biblischer Kanon in der deutschen Aufklärung. Wiesbaden 1988.

300. W. Rüegg (Hrsg.), Geschichte der Universität in Europa, Bd. 2: Von der Reformation bis zur französischen Revolution (1500–1800). München 1996.

301. M. Sandl, Ökonomie des Raumes. Der kameralwissenschaftliche Entwurf der Staatswirtschaft im 18. Jahrhundert. Köln/Weimar/Wien 1999.

302. G. SAUDER, Christian Thomasius, in: 58: 239–250.

303. C. M. SAUTER, Wilhelm von Humboldt und die deutsche Aufklärung. Berlin 1989.

304. L. SCHIEBINGER, Wissenschaftlerinnen im Zeitalter der Aufklärung, in: 344: 295–308.

305. A. SCHINDLING, Die Julius-Universität im Zeitalter der Aufklärung, in: P. BAUMGART (Hrsg.), Vierhundert Jahre Universität Würzburg. Neustadt a.d. Aisch 1982, 77–127.

306. H.-J. SCHINGS, Melancholie und Aufklärung. Melancholiker und ihre Kritiker in Erfahrungsseelenkunde und Literatur des 18. Jahrhunderts. Stuttgart 1977.

307. B. SCHLIEBEN-LANGE (Hrsg.), Fachgespräche in Aufklärung und Revolution. Tübingen 1989.

308. M. SCHLOEMANN, Siegmund Jacob Baumgarten. System und Geschichte in der Theologie des Überganges zum Neuprotestantismus. Göttingen 1974.

309. W. SCHMIDT-BIGGEMANN, In nullius verba iurare magistri. Über die Reichweite des Eklektizismus, in: 263: 297–310.

310. DERS., Theodizee und Tatsachen. Das philosophische Profil der deutschen Aufklärung. Frankfurt a.M. 1988.

311. W. SCHNEIDERS, Aufklärung und Vorurteilskritik. Studien zur Geschichte der Vorurteilstheorie. Stuttgart/Bad Cannstatt 1983.

312. DERS. (Hrsg.), Christian Thomasius 1655–1728. Interpretationen zu Werk und Wirkung. Mit einer Bibliographie der neueren Thomasius-Literatur. Hamburg 1989.

313. DERS. (Hrsg.), Christian Wolff. 1679–1754. Interpretationen zu seiner Philosophie und deren Wirkung. Mit einer Bibliographie der Wolff-Literatur. Hamburg ²1986.

314. J. SCHRÖDER (Hrsg.), Entwicklung der Methodenlehre in Rechtswissenschaft und Philosophie vom 16. bis zum 18. Jahrhundert. Stuttgart 1998.

315. DERS., Privatrecht und Öffentliches Recht. Zur Entwicklung der modernen Rechtssystematik in der Naturrechtslehre des 18. Jahrhunderts, in: H. LANGE (Hrsg.), Festschrift für Joachim Gernhuber zum 70. Geburtstag. Tübingen 1993, 961-974.

316. W. SCHRÖDER, Spinoza in der deutschen Frühaufklärung. Würzburg 1987.

317. A. SEIFERT, Cognitio historica. Die Geschichte als Namengeberin der frühneuzeitlichen Empirie. Berlin 1976.

318. F. VOLLHARDT (Hrsg.), Christian Thomasius (1655–1728). Neue Forschungen im Kontext der Frühaufklärung. Tübingen 1997.

319. D. WYDUCKEL, Ius publicum. Grundlagen und Entwicklung des Öffentlichen Rechts und der deutschen Staatsrechtswissenschaft. Berlin 1984.

9. Erziehung und Geschlechterdifferenz

320. P. ARIÈS, Geschichte der Kindheit. München ³1976.
321. B. BECKER-CANTARINO, Der lange Weg zur Mündigkeit. Frauen und Literatur in Deutschland von 1500 bis 1800. Stuttgart 1987.
322. A. BENNHOLDT-THOMSEN/A. GUZZONI, Gelehrsamkeit und Leidenschaft. Das Leben der Ernestine Christine Reiske 1735–1798. München 1992.
323. C. BERG/A. BUCK u. a. (Hrsg.), Handbuch der deutschen Bildungsgeschichte, Bd. 2: 18. Jahrhundert. Vom späten 17. Jahrhundert bis zur Neuordnung Deutschlands um 1800 (in Vorbereitung).
324. C. BISCHOFF, Die Schwäche des starken Geschlechts: Herkules und Omphale und die Liebe in bildlichen Darstellungen des 16. bis 18. Jahrhunderts, in: 327: 153–181.
325. J. BRUNING, Das pädagogische Jahrhundert in der Praxis. Schulwandel in Stadt und Land in den preußischen Westprovinzen Minden und Ravensberg 1648–1816. Berlin 1998.
326. A. CONRAD, Weibliche Lehrorden und katholische höhere Mädchenschulen im 17. Jahrhundert, in: 344: 252–262.
327. M. DINGES (Hrsg.), Hausväter, Priester, Kastraten. Zur Konstruktion von Männlichkeit in Spätmittelalter und Früher Neuzeit. Göttingen 1998.
328. H. ENGELBRECHT, Geschichte des österreichischen Bildungswesens, Bd. 1: Von der frühen Aufklärung bis zum Vormärz. Wien 1984.
329. U. FREVERT, Ehrenmänner. Das Duell in der bürgerlichen Gesellschaft. München 1991.
330. DIES., Frauen-Geschichte. Zwischen Bürgerlicher Verbesserung und Neuer Weiblichkeit. Frankfurt a.M. 1986.
331. DIES., Männergeschichte oder die Suche nach dem ‚ersten‘ Geschlecht, in: M. HETTLING/C. HUERKAMP u. a. (Hrsg.), Was ist Gesellschaftsgeschichte? Positionen, Themen, Analysen, München 1991, 31–43.

332. M. FREY, Der reinliche Bürger. Entstehung und Verbreitung bürgerlicher Tugenden in Deutschland, 1760–1860. Göttingen 1997.

333. W. M. FUES, Amme oder Muttermilch? Der Disput um das Stillen in der frühen deutschen Aufklärung, in: Aufklärung 5 (1991) 79–126.

334. D. GRENZ (Hrsg.), Aufklärung und Kinderbuch. Studien zur Kinder- und Jugendliteratur des 18. Jahrhunderts. Pinneberg 1986.

335. K. HAUSEN, Die Polarisierung der „Geschlechtscharaktere" - Eine Spiegelung der Dissoziation von Erwerbs- und Familienleben, in: W. CONZE (Hrsg.), Sozialgeschichte der Familie in der Neuzeit Europas. Neue Forschungen. Stuttgart 1976, 363–393.

336. M. HEINEMANN, Schule im Vorfeld der Verwaltung. Die Entwicklung der preußischen Unterrichtsverwaltung von 1771–1800. Göttingen 1974.

337. U. HERRMANN, Aufklärung und Erziehung. Studien zur Funktion der Erziehung im Konstitutionsprozeß der bürgerlichen Gesellschaft im 18. und frühen 19. Jahrhundert in Deutschland. Weinheim 1993.

338. DERS. (Hrsg.), „Das pädagogische Jahrhundert". Volksaufklärung und Erziehung zur Armut im 18. Jahrhundert in Deutschland. Weinheim/Basel 1981.

339. C. HONEGGER, Die Ordnung der Geschlechter. Die Wissenschaft vom Menschen und das Weib 1750–1850. Frankfurt a.M. 1991.

340. B. HURRELMANN, Jugendliteratur und Bürgerlichkeit. Soziale Erziehung in der Jugendliteratur der Aufklärung am Beispiel von Christian Felix Weißes ‚Kinderfreund' 1776–1782. Paderborn 1974.

341. B. KERN/H. KERN, Madame Doctorin Schlözer. Ein Frauenleben in den Widersprüchen der Aufklärung. München 1988.

342. C. KERSTING, Die Genese der Pädagogik im 18. Jahrhundert. Campes „Allgemeine Revision" im Kontext der neuzeitlichen Wissenschaft. Weinheim 1992.

343. D. KITTSTEINER, Die Entstehung des modernen Gewissens. Darmstadt ²1992.

344. E. KLEINAU/C. OPITZ (Hrsg.), Geschichte der Mädchen- und Frauenbildung, Bd. 1: Vom Mittelalter bis zur Aufklärung. Frankfurt a.M./New York 1996.

345. S. KORD, Ein Blick hinter die Kulissen. Deutschsprachige Dramatikerinnen im 18. und 19. Jahrhundert. Stuttgart 1992.

346. DIES., Sich einen Namen machen. Anonymität und weibliche Autorschaft 1700–1900. Stuttgart/Weimar 1996.

347. T. KÜHNE (Hrsg.), Männergeschichte – Geschlechtergeschichte. Männlichkeit im Wandel der Moderne. Frankfurt a.M./New York 1996.

348. A. LESCHINSKY/P. M. ROEDER, Schule im historischen Prozeß. Zum Wechselverhältnis von institutioneller Erziehung und gesellschaftlicher Entwicklung. Stuttgart 1976.

349. M. LIEDTKE (Hrsg.), Handbuch der Geschichte des bayerischen Bildungswesens, Bd. 1: Geschichte der Schule in Bayern von den Anfängen bis 1800. Bad Heilbrunn 1991.

350. M. MEUMANN, Findelkinder, Waisenhäuser, Kindsmord. Unversorgte Kinder in der frühneuzeitlichen Gesellschaft. München 1995.

351. W. NEUGEBAUER, Absolutistischer Staat und Schulwirklichkeit in Brandenburg-Preußen. Berlin/New York 1985.

352. B. NIEMEYER, Ausschluß oder Ausgrenzung? Frauen im Umkreis der Universitäten im 18. Jahrhundert, in: 344: 275–294.

353. E. PAUL, Geschichte der christlichen Erziehung, Bd. 2: Barock und Aufklärung. Freiburg i.Br. 1995.

354. W. PROMIES, Kinderliteratur im 18. Jahrhundert, in: 58: 765–831.

355. G. SASSE, Die Ordnung der Gefühle. Das Drama der Liebesheirat im 18. Jahrhundert. Darmstadt 1996.

356. S. SCHADE/M. WAGNER/S. WEIGEL (Hrsg.), Allegorien und Geschlechterdifferenz. Köln/Weimar/Wien 1994.

357. A. SCHINDLING, Bildung und Wissenschaft in der Frühen Neuzeit 1650–1800. München ²1999.

358. W. SCHMALE/N. L. DODDE (Hrsg.), Revolution des Wissens? Europa und seine Schulen im Zeitalter der Aufklärung (1750–1825). Bochum 1991.

359. P. SCHMID, Weib oder Mensch, Wesen oder Wissen? Bürgerliche Theorien zur weiblichen Bildung um 1800, in: 344: 327–345.

360. J. STANZEL, Die Schulaufsicht im Reformwerk des Johann Ignaz von Felbiger (1724–1788). Schule, Kirche und Staat in Recht und Praxis des aufgeklärten Absolutismus. Paderborn 1976.

361. A.-C. TREPP, Sanfte Männlichkeit und selbständige Weiblichkeit. Frauen und Männer im Hamburger Bürgertum zwischen 1770 und 1840. Göttingen 1996.

362. DIES., Männerwelten privat: Vaterschaft im späten 18. und beginnenden 19. Jahrhundert, in: 347: 31–50.

363. O. ULBRICHT (Hrsg.), Von Huren und Rabenmüttern. Weibliche Kriminalität in der Frühen Neuzeit. Köln/Weimar/Wien 1995.

364. DERS., Kindsmord und Aufklärung in Deutschland. München 1990.
365. U. WECKEL, Zwischen Häuslichkeit und Öffentlichkeit. Die ersten deutschen Frauenzeitschriften im späten 18. Jahrhundert und ihr Publikum. Tübingen 1998.
366. DIES./C. OPITZ/O. HOCHSTRASSER/B. TOLKEMITT (Hrsg.), Ordnung, Politik und Geselligkeit der Geschlechter im 18. Jahrhundert. Göttingen 1998.
367. DAS WEINENDE SAECULUM. Colloquium der Arbeitsstelle 18. Jahrhundert. Heidelberg 1983.

10. Alternativ- und Gegenströmungen

368. W. ALBRECHT, In Biedermannsposen polemisch eifernd wider die „Epidemie der Aufklärungswuth". Ernst August Anton von Göchhausens Beiträge zur norddeutsch-protestantischen Gegenaufklärung, in: 395: 155–192.
369. DERS./C. WEISS, Einleitende Bemerkungen zur Beantwortung der Frage: Was heißt Gegenaufklärung?, in: 395: 7–34.
370. M. BRAUBACH, Die „Eudämonia" (1795–1798). Ein Beitrag zur deutschen Publizistik im Zeitalter der Aufklärung und der Revolution, in: HJb 47 (1927) 309–339.
371. R. DARNTON, Der Mesmerismus und das Ende der Aufklärung in Frankreich. Frankfurt a.M. 1986.
372. F. DUMONT, „Wider Freygeister, Protestanten und Glaubensfeger". Hermann Goldhagen und sein „Religions-Journal", in: 395: 35–76.
373. A. EGO, Animalischer Magnetismus oder Aufklärung. Eine mentalitätsgeschichtliche Studie zum Konflikt um ein Heilkonzept im 18. Jahrhundert. Würzburg 1991.
374. K. EPSTEIN, Die Ursprünge des Konservativismus in Deutschland. Der Ausgangspunkt: Die Herausforderung durch die Französische Revolution 1770–1806. Frankfurt a.M. 1973.
375. J. GARBER, Die politische Literatur des gegenrevolutionären Frühkonservativismus, in: 127: 315–330.
376. DERS., Drei Theoriemodelle frühkonservativer Revolutionsabwehr. Altständischer Funktionalismus, spätabsolutistisches Vernunftrecht, evolutionärer „Historismus", in: 127: 331–363.
377. H. GRASSL, Aufbruch zur Romantik. Bayerns Beitrag zur deutschen Geistesgeschichte 1765–1785. München 1968.

378. D. HEMPEL, Friedrich Leopold Graf zu Stolberg (1750–1819). Staatsmann und politischer Schriftsteller. Weimar 1997.

379. N. HINSKE (Hrsg.), Die Aufklärung und die Schwärmer. Hamburg 1988 (= Aufklärung 3/1).

380. D. KEMPER, Obskurantismus als Mittel der Politik. Johann Christoph von Wöllners Politik der Gegenaufklärung am Vorabend der Französischen Revolution, in: 395: 193–220.

381. P. KONDYLIS, Konservativismus. Geschichtlicher Gehalt und Untergang. Stuttgart 1986.

382. H.-C. KRAUS, Gegenaufklärung, Spätromantik, Konservatismus. Zu einigen neueren Veröffentlichungen, in: HZ 269 (1999) 371–413.

383. W. KREUTZ, „L'inscription qu'on pourra mettre sur les ruines des trônes, [...] peut être conçue dans ces deux mots: ‚L'ouvrage de l'Illuminatisme!'". Johann August Starck und die ‚Verschwörungstheorie', in: 395: 269–304.

384. W. KRIEGLEDER, Ein „Hoffmann elevatus ad secundum potentiam". Felix Franz Hofstätter und das „Magazin für Kunst und Literatur", in: 395: 245–267.

385. K. MANNHEIM, Das konservative Denken. Soziologische Beiträge zum Werden des politisch-historischen Denkens in Deutschland, in: DERS., Wissenssoziologie. Auswahl aus dem Werk, hrsg. von K. H. WOLFF. Berlin 1964, 408–509.

386. H. MÖLLER, Die Gold- und Rosenkreuzer. Struktur, Zielsetzung und Wirkung einer anti-aufklärerischen Geheimgesellschaft, in: 237: 153–202.

387. M. NEUGEBAUER-WÖLK (Hrsg.), Aufklärung und Esoterik. Hamburg 1999.

388. DIES., Esoterische Bünde und bürgerliche Gesellschaft. Entwicklungslinien zur modernen Welt im Geheimbundwesen des 18. Jahrhunderts. Göttingen 1995.

389. DIES., Die Geheimnisse der Maurer. Plädoyer für die Akzeptanz des Esoterischen in der historischen Aufklärungsforschung, in: Das achtzehnte Jahrhundert 21 (1997) 15–32.

390. H. REINALTER, Gegen die „Tollwuth der Aufklärungsbarbarei". Leopold Alois Hoffmann und der frühe Konservativismus, in: 395: 221–244.

391. J. ROGALLA VON BIEBERSTEIN, Die These von der Verschwörung 1776–1945. Philosophen, Freimaurer, Juden, Liberale und Sozialisten als Verschwörer gegen die Sozialordnung. Flensburg 1992.

392. M. SCHAICH, „Religionis defensor acerrimus". Joseph Anton

Weissenbach und der Kreis der Augsburger Exjesuiten, in: 395: 77–125.

393. J. SCHRÖDER, Justus Möser als Jurist. Zur Staats- und Rechtslehre in den Patriotischen Phantasien und in der Osnabrückischen Geschichte. Berlin 1986.

394. S. SUDHOFF, Von der Aufklärung zur Romantik. Die Geschichte des Kreises von Münster. Berlin 1973.

395. C. WEISS (Hrsg.), Von ‚Obscuranten‘ und ‚Eudämonisten‘. Gegenaufklärerische, konservative und antirevolutionäre Publizisten im späten 18. Jahrhundert. St. Ingbert 1997.

11. Die Aufklärung als Kunstepoche

396. W. ALBRECHT, Das Angenehme und das Nützliche. Fallstudien zur literarischen Spätaufklärung in Deutschland. Tübingen 1997.

397. R. ALEX/P. KÜHN, Schlösser und Gärten um Wörlitz. Leipzig 1995.

398. L. BALET/E. GERHARD, Die Verbürgerlichung der deutschen Kunst, Literatur und Musik im 18. Jahrhundert, hrsg. von G. MATTENKLOTT. Frankfurt a.M./Berlin/Wien 1973.

399. T. BAUMAN / M. PETZOLDT-MCCLYMONDS, Opera and the Enlightenment. Cambridge 1995.

400. B. BAUMGÄRTEL (Hrsg.), Angelika Kauffmann. Ostfildern 1998.

401. G. BIMBERG, Musik in der europäischen Gesellschaft des 18. Jahrhunderts. Wien/Köln 1996.

402. H. BECK/P. C. BOHL/M. BÜCKLING (Hrsg.), Mehr Licht. Europa um 1770. Die bildende Kunst der Aufklärung. München 1999.

403. L. BODI, Tauwetter in Wien. Zur Prosa der österreichischen Aufklärung 1781–1795. Wien ²1995.

404. F. BÜTTNER, Die Darstellung mittelalterlicher Geschichte in der deutschen Kunst des ausgehenden 18. Jahrhunderts, in: P. WAPNEWSKI (Hrsg.), Mittelalter-Rezeption. Stuttgart 1986, 407–434.

405. W. BUSCH, Chodowieckis Darstellung der Gefühle und der Wandel des Bildbegriffes nach der Mitte des 18. Jahrhunderts, in: 263: 315–343.

406. DERS., Materie und Geist. Die Rolle der Kunst bei der Popularisierung des Newtonschen Weltbildes, in: 400: 401–418.

407. A. V. BUTTLAR, Der Landschaftsgarten. Gartenkunst des Klassizismus und der Romantik. Köln 1989.

408. D. Döring, Johann Christoph Gottsched in Leipzig. Stuttgart 2000.

409. W. Geismeier, Daniel Chodowiecki. Leipzig 1993.

410. A. Gerhard, Zwischen Aufklärung und ‚Klassik'. Überlegungen zur Historiographie der Musik des späten 18. Jahrhunderts, in: Das achtzehnte Jahrhundert 24 (2000) 37–53.

411. P. Gradenwitz, Literatur und Musik im geselligen Kreise. Geschmacksbildung, Gesprächsstoff und musikalische Unterhaltung in der bürgerlichen Salongesellschaft. Stuttgart 1991.

412. W. Haefs, Aufklärung in Altbayern. Leben, Werk und Wirkung Lorenz Westenrieders. Neuried 1998.

413. S. A. Jørgensen/K. Bohnen/P. Øhrgaard, Aufklärung, Sturm und Drang, Frühe Klassik 1740–1789. München 1990.

414. S. A. Jørgensen/H. Jaumann/J.A. McCarthy/H. Thomé, Christoph Martin Wieland. Epoche – Werk – Wirkung. München 1994.

415. H. Kiesel/P. Münch, Gesellschaft und Literatur im 18. Jahrhundert. Voraussetzungen und Entstehung des literarischen Markts in Deutschland. München 1977.

416. G. Lammel, Tagträume. Bilder im Lichte der Aufklärung. Dresden 1993.

417. I. Lauterbach, Der französische Garten am Ende des Ancien Régime. „Schöne Ordnung" und „geschmackvolles Ebenmaß". Worms 1987.

418. L. Lütteken, Musik in der Aufklärung – Musikalische Aufklärung?, in: Musiktheorie 14 (1999) 213–229.

419. H. Meier, Die Buchillustration des 18. Jahrhunderts in Deutschland und die Auflösung des überlieferten Historienbildes. München 1994.

420. K. Möseneder, Franz Anton Maulbertsch. Aufklärung in der barocken Deckenmalerei. Wien/Köln/Weimar 1993.

421. H. Pfotenhauer, Literarische Anthropologie. Selbstbiographien und ihre Geschichte am Leitfaden des Leibes. Stuttgart 1987.

422. M.-L. Plessen, Berlin durch die Blume oder Kraut und Rüben. Gartenkunst in Berlin-Brandenburg. Berlin 1985.

423. G. Sauder, Empfindsamkeit, Bd. 1: Voraussetzungen und Elemente, Stuttgart 1974.

424. H.-J. Schings (Hrsg.), Der ganze Mensch. Anthropologie und Literatur im 18. Jahrhundert. Stuttgart/Weimar 1994.

425. P. Schleuning, Der Bürger erhebt sich. Geschichte der deutschen Musik im 18. Jahrhundert. Stuttgart/Weimar 2000.

426. F. Sengle, Wieland. Stuttgart 1949.

427. E. WANGERMANN, Ethik und Ästhetik: Moralische Auflagen an die schönen Künste im Zeitalter der Aufklärung, in: G. BARTH-SCAL-MANI (Hrsg.), Genie und Alltag. Bürgerliche Stadtkultur zur Mozartzeit. Salzburg 1994, 280–293.

428. H. WUNDERLICH (Hrsg.), „Landschaft" und Landschaften im achtzehnten Jahrhundert. Heidelberg 1995.

429. C. ZELLE, „Angenehmes Grauen". Literaturhistorische Beiträge zur Ästhetik des Schrecklichen im 18. Jahrhundert. Hamburg 1987.

Register

Personenregister

ADORNO, T. W. 69 f.
ALBRECHT, W. 71, 96, 98 f.
ALEX, R. 107
Anderson, James 21
ARETIN, K. O. v. 52
ARIÈS, P. 87

Bacon, Francis 11, 37
Bahrdt, Karl Friedrich 24, 72
Barruel, Auguste 99
Basedow, Johann Bernhard 88
BAUMAN, T. 105
BAUMGÄRTEL, B. 89
Baumgarten, Alexander Gottlieb 101
Bayle, Pierre 5 f.
Beccaria, Cesare 6, 61
Becher, Johann Joachim 60
BECK, H. 103
Becker, Rudolf Zacharias 4
DECKER-CANTARINO, B. 89
BENNHOLDT-THOMSENIA, A. 89
Bernoulli, Jacob 37
Bessel, Gottfried 83
BIANCO, B. 84
BILLER, G. 63
BIMBERG, G. 105 f.
BIRTSCH, G. 51
BISCHOFF, C. 94
Bischoffwerder, Johann Rudolf von 24
  Bode, Johann Joachim 24
BODI, L. 73
Bodmer, Johann Jakob 101
BÖDEKER, H. 98
Böhmer, Caroline 89
BÖNING, H. 28
Boie, Heinrich Christian 27
Boyle, Robert 37
Brander, Georg Friedrich 37
Brandes, Ernst 97

BRAUBACH, M. 80, 82, 99
Brehm, Georg Niklas 97
Breitinger, Johann Jakob 101
Brentano, Clemens 78
Brockes, Barthold Hinrich 18
BRÜCK, H. 79
BRÜGGEMANN, T. 88
BRUNING, J. 82, 86 f.
BRUNKEN, O. 88
Bruno, Giordano 26
Buck, I. 89
BÜTTNER, F. 103
BUSCH, W. 103 f., 107
BUTTLAR, A. v. 107

CALHOUN, C. 73
Campe, Joachim Heinrich 88
Carmer, Johann Heinrich Casimir von 53
CASPER, B. 84
CASSIRER, E. 36, 41, 68 f.
Cellarius, Christoph 41
Chodowiecki, Daniel 103 f., 107
Clemens XIII. 22
Clemens XIV. 84
Colloredo, Hieronymus von 52
CONRAD, A. 90

DAINAT, H. 68
DANNEBERG, L. 73
DARNTON, R. 95
DEMEL, W. 56
Descartes, René 4 f., 10
Dießbach, Joseph Nikolaus Albert von 98
Dietz, Hermann Joseph 78
DILTHEY, W. 68
DINGES, M. 92 f.
DODDE, N.L. 86
DÖRING, D. 101

Sachregister

144 Register

Enzyklopädie deutscher Geschichte
Themen und Autoren

Bauern zwischen Bauernkrieg und Dreißigjährigem Krieg (André Holenstein)
1996. EdG 38
Bauern 1648–1806 (Werner Troßbach) 1992. EdG 19
Adel in der Frühen Neuzeit (Rudolf Endres) 1993. EdG 18
Der Fürstenhof in der Frühen Neuzeit (Rainer A. Müller) 1995. EdG 33
Die Stadt in der Frühen Neuzeit (Heinz Schilling) 1993. EdG 24
Armut, Unterschichten, Randgruppen in der Frühen Neuzeit
(Wolfgang von Hippel) 1995. EdG 34
Unruhen in der ständischen Gesellschaft 1300–1800 (Peter Blickle)
1988. EdG 1
Frauen- und Geschlechtergeschichte 1500–1800 (Heide Wunder)
Die Juden in Deutschland vom 16. bis zum Ende des 18. Jahrhunderts
(J. Friedrich Battenberg) 2001. EdG 60
Militärgeschichte des späten Mittelalters und der Frühen Neuzeit
(Bernhard Kroener)

Wirtschaft
Die deutsche Wirtschaft im 16. Jahrhundert (Franz Mathis) 1992. EdG 11
Die Entwicklung der Wirtschaft im Zeitalter des Merkantilismus 1620–1800
(Rainer Gömmel) 1998. EdG 46
Landwirtschaft in der Frühen Neuzeit (Walter Achilles) 1991. EdG 10
Gewerbe in der Frühen Neuzeit (Wilfried Reininghaus) 1990. EdG 3
Kommunikation, Handel, Geld und Banken in der Frühen Neuzeit (Michael
North) 2000. EdG 59

Kultur, Alltag, Mentalitäten
Medien in der Frühen Neuzeit (Stephan Füssel)
Bildung und Wissenschaft im 15. und 16. Jahrhundert (Notker Hammerstein)
Bildung und Wissenschaft in der Frühen Neuzeit 1650–1800
(Anton Schindling) 2. Aufl. 1999. EdG 30
Die Aufklärung (Winfried Müller) 2002. EdG 61
Lebenswelt und Kultur des Bürgertums in der Frühen Neuzeit (Bernd Roeck)
1991. EdG 9
Volkskultur in der Frühen Neuzeit (Robert von Friedeburg)

Religion und Kirche
Die Reformation. Voraussetzungen und Durchsetzung (Olaf Mörke)
Konfessionalisierung im 16. Jahrhundert (Heinrich Richard Schmidt)
1992. EdG 12
Kirche, Staat und Gesellschaft im 17. und 18. Jahrhundert (Michael Maurer)
1999. EdG 51
Religiöse Bewegungen in der Frühen Neuzeit (Hans-Jürgen Goertz)
1993. EdG 20

Politik, Staat und Verfassung
Das Reich in der Frühen Neuzeit (Helmut Neuhaus) 1997. EdG 42
Landesherrschaft, Territorien und Staat in der Frühen Neuzeit (Joachim Bahlcke)
Die Entwicklung der landständischen Verfassung (Kersten Krüger)
Vom aufgeklärten Reformstaat zum bürokratischen Staatsabsolutismus
(Walter Demel) 1993. EdG 23

Staatensystem, internationale Beziehungen
Das Reich im Kampf um die Hegemonie in Europa 1521–1648 (Alfred Kohler)
1990. EdG 6
Altes Reich und europäische Staatenwelt 1648–1806 (Heinz Duchhardt)
1990. EdG 4

19. und 20. Jahrhundert

Politik im deutschen Kaiserreich (Hans-Peter Ullmann) 1999. EdG 52
Die Weimarer Republik. Politik und Gesellschaft (Andreas Wirsching)
2000. EdG 58
Nationalsozialistische Herrschaft (Ulrich von Hehl) 2. Auflage 2001. EdG 39
Die Bundesrepublik Deutschland. Verfassung, Parlament und Parteien
(Adolf M. Birke) 1996. EdG 41
Die Sozialgeschichte der Bundesrepublik Deutschland (Axel Schildt)
Die Sozialgeschichte der Deutschen Demokratischen Republik (N.N.)
Die Innenpolitik der Deutschen Demokratischen Republik (Günther Heydemann)

Staatensystem, **Die deutsche Frage und das europäische Staatensystem 1815–1871**
internationale **(Anselm Doering-Manteuffel) 2. Aufl. 2001. EdG 15**
Beziehungen **Deutsche Außenpolitik 1871–1918 (Klaus Hildebrand) 2. Aufl. 1994. EdG 2**
Die Außenpolitik der Weimarer Republik (Gottfried Niedhart) 1999. EdG 53
Die Außenpolitik des Dritten Reiches (Marie-Luise Recker) 1990. EdG 8
Die Außenpolitik der Bundesrepublik Deutschland (Hermann Graml)
Die Außenpolitik der Deutschen Demokratischen Republik (Joachim Scholtyseck)

Hervorgehobene Titel sind bereits erschienen.

Stand: (November 2001)